Auf die Schnelle

Mehr entdecken mit Google Earth

Volker Zwick

DATA BECKER

Copyright © DATA BECKER GmbH & Co. KG
Merowingerstr. 30
40223 Düsseldorf

E-Mail buch@databecker.de

Reihenkonzeption Peter Meisner

Produktmanagement Peter Meisner

Umschlaggestaltung Inhouse-Agentur DATA BECKER

Layout Jana Scheve

Textbearbeitung und Gestaltung Thorsten Schlosser, Kreuztal

Produktionsleitung und Textmanagement Claudia Lötschert

Druck fgb • freiburger graphische betriebe (www.fgb.de)

ISBN 978-3-8158-1703-2

Wichtiger Hinweis

Inhalt

1. Auf die Schnelle: die besten Funktionen von Google Earth im Überblick

Google Earth ist viel mehr als ein digitaler Globus – mit Google Earth wird nämlich Ihr Computer zum Fenster zur Welt.

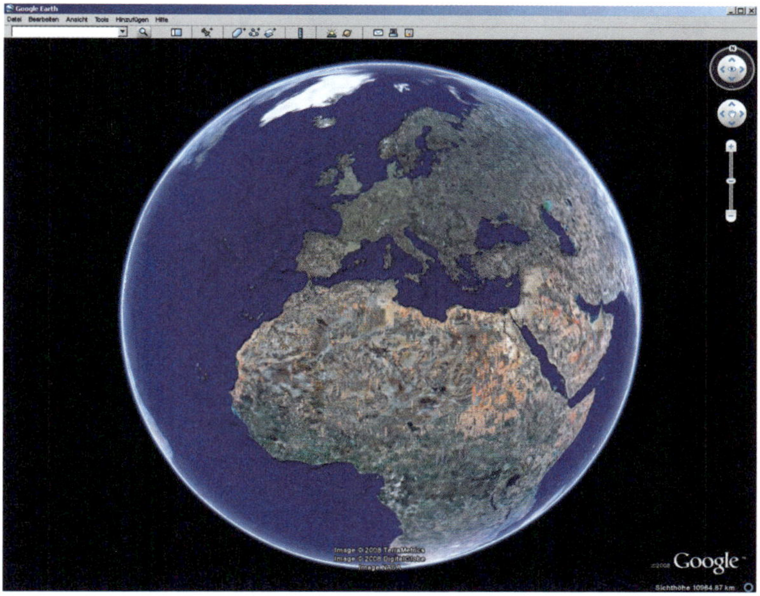

Quelle: Google Earth

Sie können mit dem Programm beispielsweise hochauflösende Luft- und Satellitenbilder betrachten, Geländeformationen erforschen, Straßen und ihre Bezeichnungen ausfindig machen, Geschäftseinträge suchen etc.

Doch Google Earth kann noch viel mehr: Wie wäre es beispielsweise mit einer virtuellen Weltreise? Lehnen Sie sich zurück und lassen Sie sich doch einfach mal per Mausklick rund um den Globus fliegen. Sie werden erstaunt sein, was und mit welcher Auflösung es dort alles zu entdecken gibt.

Quelle: Google Earth

Unter optimalen Bedingungen, d. h., wenn das Datenmaterial entsprechend hochauflösend ist, können Sie sogar Menschen erkennen, wie auf dem obigen Bild zu sehen ist. Natürlich ist nicht die ganze Welt mit derart guten Bildern hinterlegt, aber erfreulicherweise ist fast ganz Deutschland in ansprechender Auflösung vorhanden.

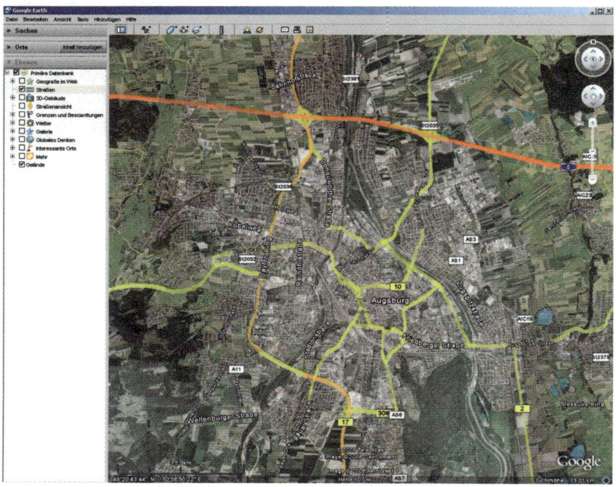

Quelle: Google Earth

Wie Sie ausgewählte Orte anfliegen und wie Sie bestimmte Orte, Regionen, Geschäfte, Hotels, Restaurants etc. in Google Earth ausfindig machen, lesen Sie in Kapitel 3 und 4. Zudem bietet die neuste Version der Software sogar einen integrierten Flugsimulator. Mehr darüber finden Sie in Kapitel 3. Hier erfahren Sie auch, wie Sie zusätzliche Informationsebenen, also interessante Informationen und Orte (wie z. B. Straßen oder Parks) mit einblenden, welche Details das Programm anzeigt und wie Sie Bilder speichern, weitergeben und ausdrucken.

Apropos Bilder weitergeben: Google Earth bietet eine besonders einfache und dennoch sehr funktionelle Möglichkeit, Daten untereinander auszutauschen. So können Sie beispielsweise Fundstücke an Freunde oder Bekannte weitergeben bzw. solche, die andere gefunden haben, in Google Earth einblenden. Es gibt jede Menge solcher interessanter Fundstücke, die auch in einigen sehr aktiven Nutzergemeinschaften im Internet ausgetauscht werden. Welche Webseiten hier von Belang sind, wie Sie diese externen Daten einbinden und was es dort alles zu sehen gibt, steht in Kapitel 4.

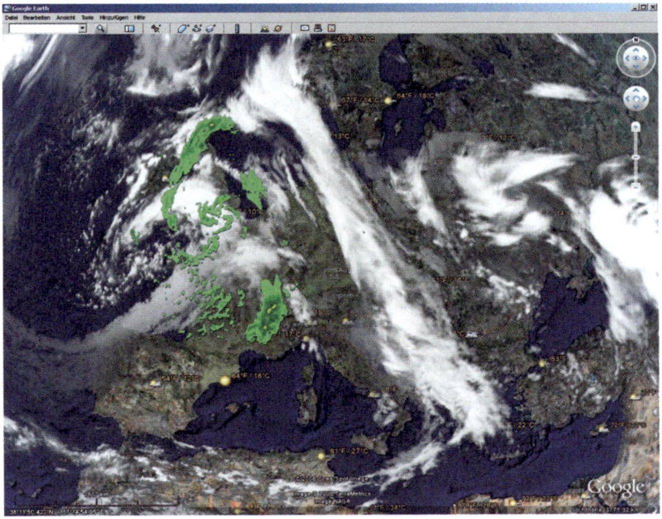

In Google Earth eingeblendete Wetterkarte für Europa. Quelle: Google Earth

Auf Wunsch zeigt Ihnen das Programm sogar fest installierte Radarfallen, ein Regenradar oder die Verkehrslage an. Und selbst die Lexikoneinträge von Wikipedia sind stets nur einen Mausklick entfernt. Mehr dazu gibt es ebenfalls in Kapitel 4.

Etwas intimer wird es dann in Kapitel 5, denn dort erfahren Sie, wie Sie einen Blick in das Leben der Stars und Sternchen dieser Welt werfen können. Zudem locken interessante Geländeformationen, kuriose Orte und sogar die Ansicht auf militärische Sperrgebiete.

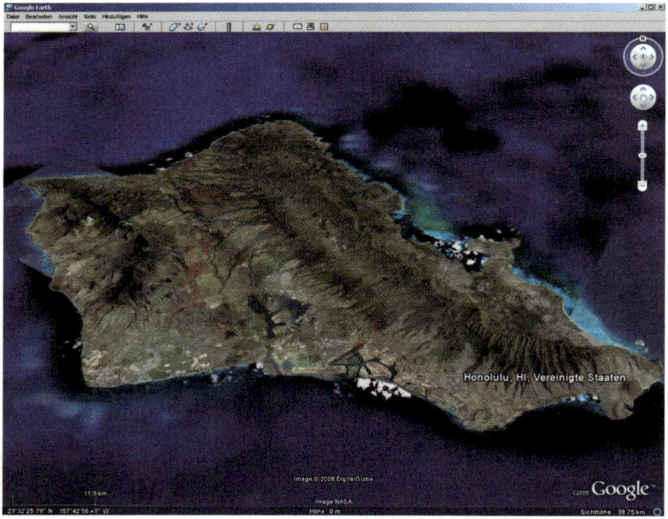

Quelle: Google Earth

In Kapitel 6 steht dann wieder der praktische Nutzen im Vordergrund. Sie erfahren, wie Sie Google Earth für Ihre ganz individuelle Urlaubsplanung einsetzen. Sie können auf diese Weise etwa herausfinden, wie weit es vom Hotel zum Strand wirklich ist oder welche interessanten Sehenswürdigkeiten in der Nähe sind. Sie können aber auch praktische Skizzen für Wanderungen anfertigen, die Sie dann ausdrucken und in den Urlaub mitnehmen, oder Sie lassen sich Routen berechnen.

Ja, Sie haben richtig gelesen: Google Earth fungiert auch als Routenplaner (wie auf folgendem Bild zu sehen ist), integriert Live-Bilder von Webcams, dient als persönlicher Urlaubsguide in unbekannten

Städten und hilft beispielsweise auch bei der Planung des nächsten Golfurlaubs.

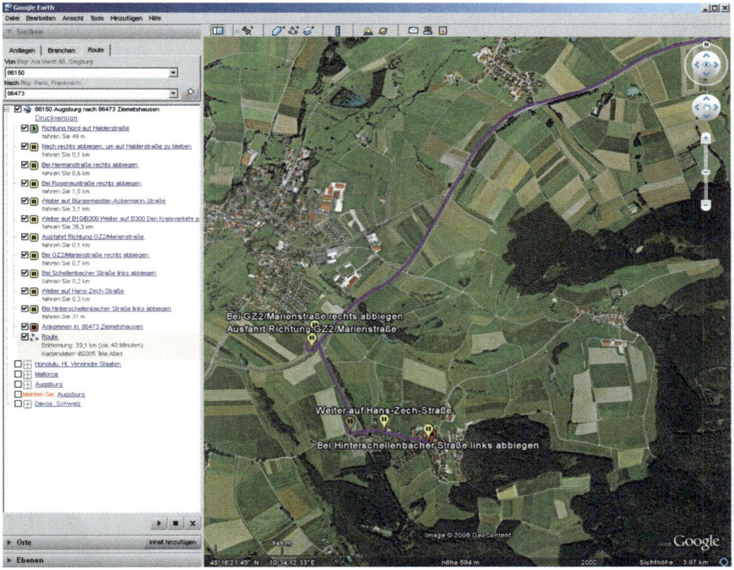

Quelle: Google Earth

Google Earth erlaubt sogar Zeitreisen. Den Beweis dafür gibt es in Kapitel 7. Hier erwartet Sie ein Ausflug in das San Francisco zur Zeit des großen Erdbebens 1906 bzw. Sie stellen die Invasion in der Normandie nach. Ebenfalls interessant: die Reiseroute von Marco Polo, die in Google Earth angezeigt werden kann.

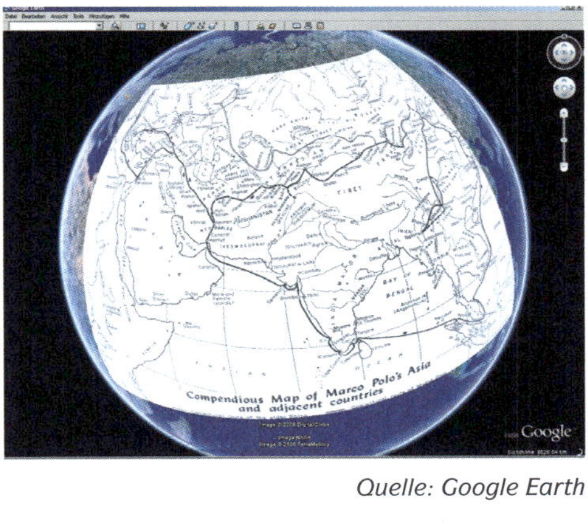

Quelle: Google Earth

Und wenn die Erde dann doch nicht genug sein sollte, in Kapitel 8 erfahren Sie, wie Sie mithilfe des Programms unsere kosmischen Nachbarplaneten besuchen, wie Sie sich in unserer und in unseren Nachbargalaxien bewegen und statten auch noch der Raumstation ISS einen virtuellen Besuch ab.

Quelle: Google Earth

Wie Sie eigene Kameraflüge erstellen und diese exportieren, das Programm an Google Maps anbinden, eigene dreidimensionale Gebäude erstellen und einbinden, dies alles erfahren Sie in Kapitel 9.

Tipps und Tricks sowie Lösungen für die häufigsten Probleme, die bei der Benutzung von Google Earth auftreten können, gibt es dann in Kapitel 10.

2. So macht's mehr Spaß: Richten Sie Google Earth optimal & schnell auf Ihrem PC ein

Damit Sie sich die Welt auf den PC holen können, müssen Sie zuerst die entsprechende Software auf Ihren Rechner laden und die wichtigsten Bedienelemente kennenlernen.

Der einfachste Weg: downloaden – installieren – konfigurieren

Die wichtigste Voraussetzung zuerst: Damit Google Earth die gewünschten Bilder anzeigen und Funktionen ausführen kann, sollte der verwendete Rechner über eine DSL-Verbindung oder einen anderen schnellen Internetzugang (TV-Kabel etc.) verfügen. Zudem sollte Ihr PC folgende Hardwarevoraussetzungen erfüllen:

So sollte Ihr PC aussehen, damit Google Earth überhaupt läuft (Mindestanforderung)

Minimale Konfiguration: Betriebssystem: Windows 2000, Windows XP, Vista; CPU: Pentium 3, 500 MHz; Systemarbeitsspeicher (RAM): 128 MByte RAM; Festplatte: 400 MByte frei; Netzwerkgeschwindigkeit: 128 KBit/s; Grafikkarte: 3-D-fähige Videokarte mit 16 MByte VRAM; Bildschirm 1.024 x 768, 16-Bit-High-Color-Bildschirm.

So sollte Ihr PC aussehen, damit Sie mit Google Earth Spaß haben (empfohlene Konfiguration)

Empfohlene Konfiguration: Betriebssystem: Windows XP; CPU: Pentium 4 2,4 GHz+ oder AMD 2400xp+; Systemarbeitsspeicher (RAM): 512 MByte RAM; Festplatte: 2 GByte frei; Netzwerkgeschwindigkeit: 768 KBit/s; Grafikkarte: 3-D-fähige Videokarte mit 32 MByte VRAM; Bildschirm 1.280 x 1.024, 32-Bit-True-Color-Bildschirm.

Google Earth läuft aber nicht nur unter Windows, auch das Betriebssystem Linux wird unterstützt. Hier gelten für die Grafikkarte, den Festplattenspeicherplatz, den Bildschirm und die Netzwerkgeschwindigkeit die gleichen Konfigurationsempfehlungen wie bei einem Windows-PC.

Minimale Voraussetzungen für Linux: Betriebssystem: Ubuntu 5.10, SUSE 10.1, Fedora Core 5, Linspire 5.1, Gentoo 2006.1, Debian 3.1, Red Hat 9; CPU: Pentium 3, 500 MHz; Systemarbeitsspeicher (RAM): 128 MByte RAM.

Empfohlene Konfiguration für Linux: Betriebssystem: Ubuntu 5.10, SUSE 10.1, Fedora Core 5, Linspire 5.1, Gentoo 2006.1, Debian 3.1, Red Hat 9; CPU: Pentium 4 2,4 GHz+ oder AMD 2400xp+; Systemarbeitsspeicher (RAM): 512 MByte RAM.

Auch auf Apple Macintosh-Rechnern läuft Google Earth problemlos, solange folgende Ausstattung erfüllt ist:

Minimale Voraussetzung für Mac: Betriebssystem: Mac OS X 10.3.9; CPU: G3 500 MHz; Systemarbeitsspeicher (RAM): 256 MByte RAM.

Empfohlene Voraussetzung für Mac: Betriebssystem: Mac OS X 10.4; CPU: G4 1,2 GHz; Systemarbeitsspeicher (RAM): 512 MByte RAM.

So kommen Sie zur Software

Google Earth kostenlos aus dem Internet laden

Laden Sie die kostenlose Google Earth Software im Internet unter *http://earth.google.de/download-earth.htmi* herunter.

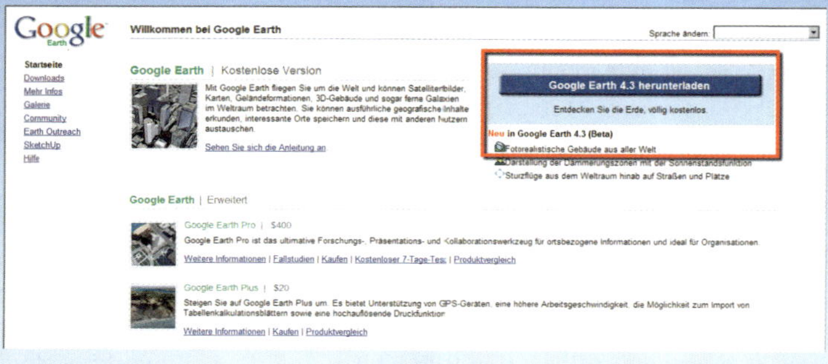

Folgen Sie nun den Installationsanweisungen, bis die Installation abgeschlossen ist.

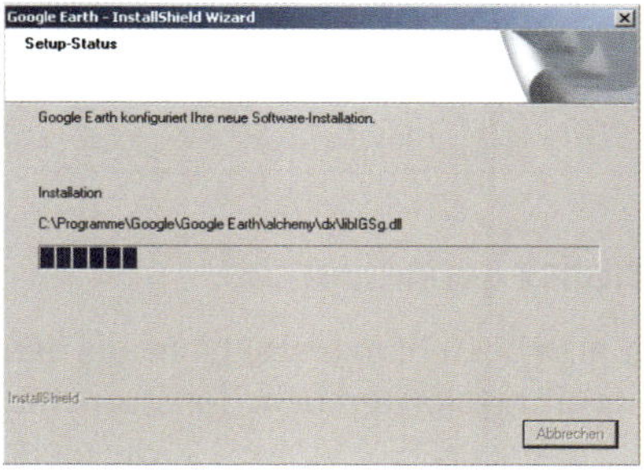

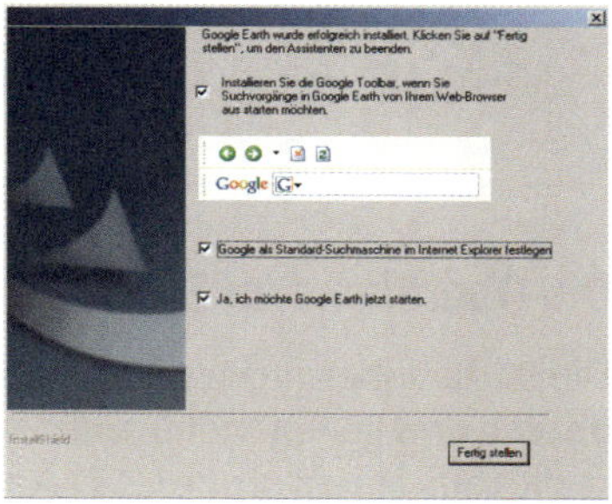

Sie können die Software starten, indem Sie das entsprechende Symbol auf Ihrem Desktop doppelt anklicken oder aber unter *Start/Alle Programme/Google Earth* das Programm aufrufen.

Verschiedene Versionen von Google Earth

Von Google Earth gibt es verschiedene Versionen. Diesem Buch liegt die für die persönliche Nutzung kostenlose Programmversion zugrunde. Im Gegensatz hierzu kostet die Google Earth Plus-Version 20 Dollar. Dafür unterstützt diese Programmversion den Anschluss eines GPS-Empfängers, druckt Bilder in einer höheren Auflösung und kann bis zu 100 Adressdaten aus der CSV-Datei importieren und darstellen.

Die kostenlose und die Plus-Version sind in erster Linie für Privatanwender gedacht. Die dritte Version der Software mit der Bezeichnung Pro wendet sich hingegen an professionelle bzw. kommerzielle Nutzer. Für diese Programmversion wird dann eine Jahresgebühr von 400 Dollar fällig. Dafür bietet diese Software nicht nur die beste Performance, sondern integriert u. a. ein Werkzeug zum Vermessen von Flächen, erlaubt den Import von bis zu 2.500 Adressdaten, druckt in noch höherer Qualität als die Plus-Version (bis A3) und bietet ein integriertes Movie Making-Modul, das es ermöglicht, Filme aus Anflügen und Touren als Filme zu exportieren. Diese Filme wiederum können dann in andere Anwendungen eingebunden werden.

Schließlich sei noch auf die Version für Unternehmen, nämlich auf Google Earth Enterprise hingewiesen, die in verschiedenen Versionen angeboten wird. Diese Lösung erlaubt es dank der breit skalierbaren Architektur, TBytes an Geodaten für tausende Nutzer von einem einzigen Server-Cluster aus zu veröffentlichen.

Die Oberfläche im Schnellüberblick kennenlernen

Die Bedienoberfläche von Google Earth besteht in erster Linie aus den oberen und linken Menü- und Bearbeitungsleisten bzw. -fenstern und rechts aus einem großen 3-D-Ansichtsfenster (3D-Viewer) sowie einer kleineren Übersichtskarte und einem Navigationsbedienelement.

Sie können mit der Maus aber auch mit den Navigationsbedienelementen in der 3-D-Ansicht navigieren. Hier ein Überblick:

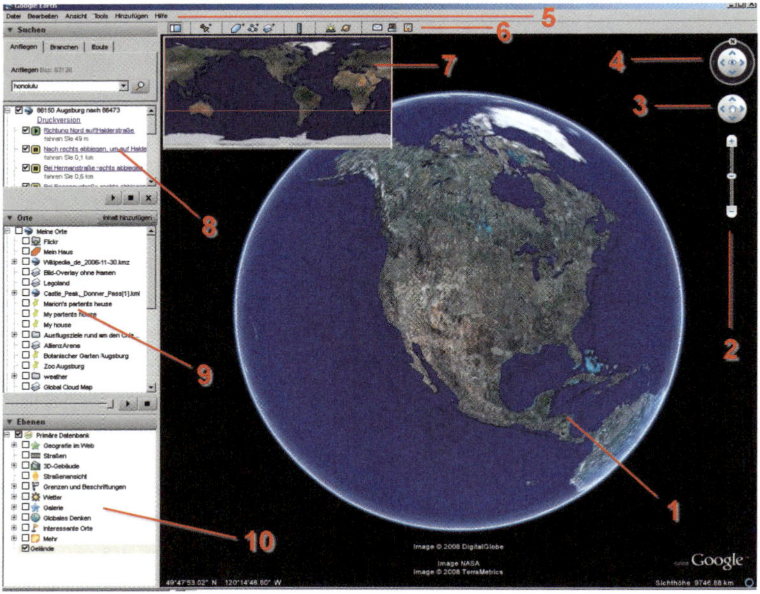

Quelle: Google Earth

1 Großes 3-D-Ansichtsfenster (3D-Viewer).
2 Navigationsbedienelemente zum Hinein- und Herauszoomen.
3 Verschiebe-Joystick.
4 Augen-Joystick mit Schaltfläche zum „Ausnorden" der Ansicht.
5 Menüleiste zu den einzelnen Bearbeitungs- und Ansichtsfunktionen.
6 Einzelne Werkzeuge, z. B. zum Orte markieren, Entfernungen messen, Drucken oder E-Mails versenden.
7 Kleine Gesamtübersichtskarte, um nicht den Überblick zu verlieren.
8 Suchfenster: Hier kann man gezielt nach Orten, Branchen eines Ortes oder nach Wegbeschreibungen suchen.
9 Über das Fenster *Orte* lassen sich markierte Orte suchen, speichern, verwalten und erneut besuchen.
10 Das Fenster *Ebenen* zeigt wichtige Punkte wie Freizeitparks, Hauptstädte, Grenzen, Straßen oder sonstige interessante Orte.

So navigieren Sie optimal mit der Maus und dem Navigationsbedienelement

Innerhalb der 3-D-Ansicht können Sie mit gedrückter linker Maustaste die Ansicht nach allen Richtungen verschieben. Gehen Sie dazu einfach auf irgendeine Stelle im Globus, klicken Sie das Bild per linker Maustaste an und halten Sie die Maustaste fest. Verschieben Sie nun die Ansicht, indem Sie den Cursor bei gedrückter linker Maustaste in die gewünschte Richtung bewegen.

Mit der rechten gedrückten Maustaste oder, falls vorhanden, mit einem Mausrad können Sie näher in das Bild hineingehen oder sich entfernen (heran- oder herauszoomen). Verschieben Sie dazu wie bereits beschrieben die Ansicht so, dass der von Ihnen gewünschte Bildbereich in der Mitte des Ansichtsfensters liegt. Wenn Sie nun z. B. die rechte Maustaste festhalten und den Mauscursor im Bild nach unten bewegen, zoomen Sie in das Bild hinein, d. h., Sie bewegen sich wie im Flug immer näher an den gewählten Ausschnitt heran und können so immer mehr Details, wie Flüsse, Berge, Straßen bis hin zu Häusern und Autos erkennen. Bewegen Sie den Cursor nach oben, zoomen Sie heraus, d. h., Sie fliegen nach oben.

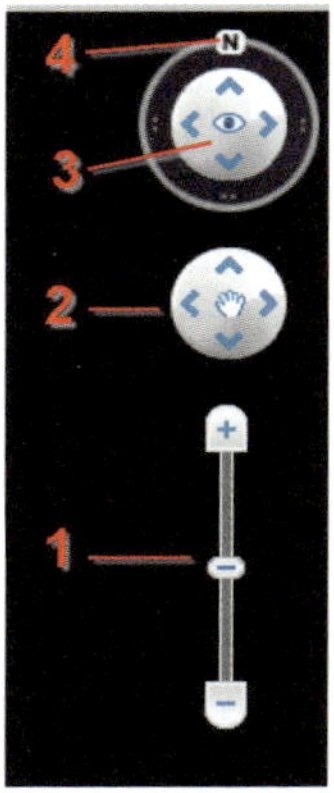

Mit dem Navigationsbedienelement im 3-D-Fenster können Sie ebenfalls die Ansicht verändern – dies funktioniert mit den Pfeil- und Kreistasten. Mit dem Zoomregler (1) können Sie in die Ansicht hinein- bzw. herauszoomen (Plus zum Hineinzoomen, Minus zum Herauszoomen). Nähern Sie sich der Erdoberfläche, neigt das Programm zusätzlich den Ansichtswinkel, bis Sie parallel zur Erdoberfläche blicken. Wenn Sie dann auf den Joystick mit dem Auge klicken (3), können Sie sich umsehen, als ob Sie Ihren Kopf drehen würden. Mit dem zweiten Joystick (2), gekennzeichnet mit dem Symbol einer Hand, bewegen Sie sich vom aktuellen Ort aus in die angezeigte Richtung. Tipp: Sie können bei beiden Joystick-Reglern die Pfeiltasten anklicken oder die linke Maustaste gedrückt halten, um zu navigieren. Übrigens: Das *N* im Kreis (4) zeigt immer Richtung Norden, wobei sich der Kreis und damit die Ansicht natürlich auch drehen lässt.

Die wichtigsten Einstellungen für die beste Darstellung vornehmen

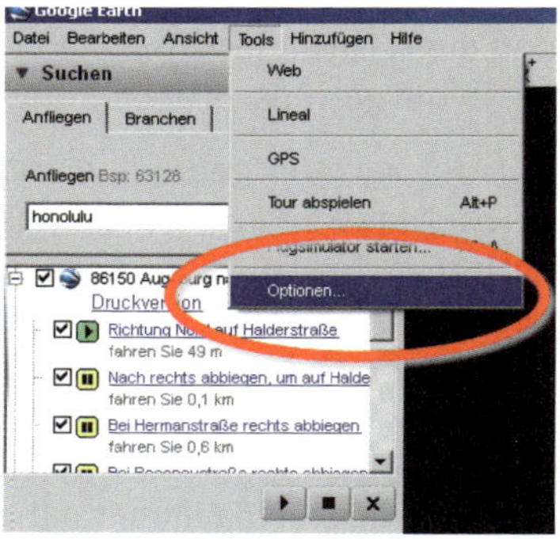

Google Earth bietet eine Reihe von Möglichkeiten und Funktionen, das Programm an die individuellen Bedürfnisse bzw. an die vorhandene Hardware anzupassen. Starten Sie hierzu das Programm und wählen Sie in der Menüzeile den Eintrag *Tools* und dort die *Optionen*.

Folgendes Dialogfenster öffnet sich:

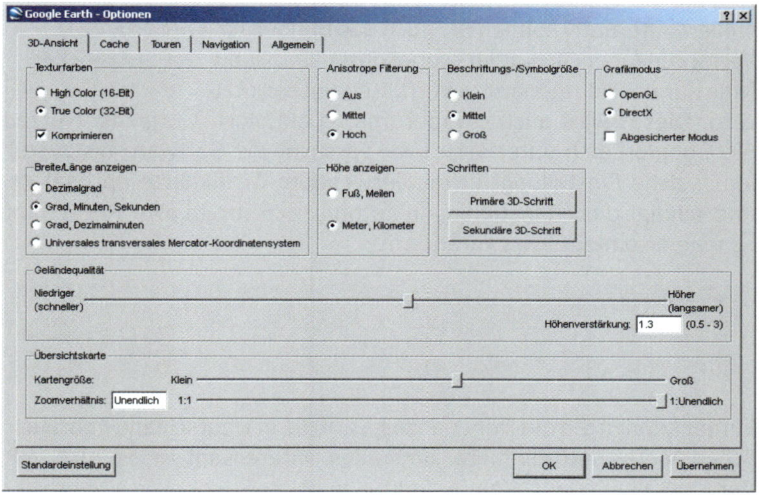

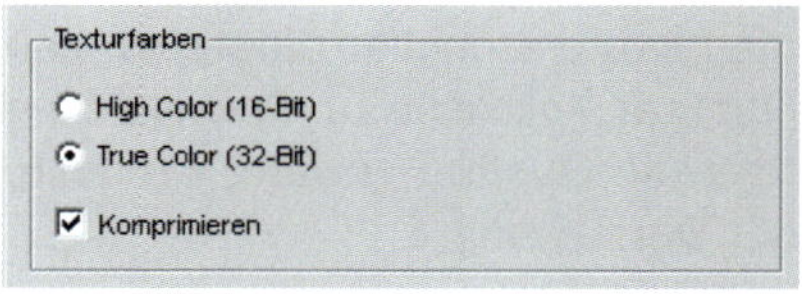

Bleiben Sie zuerst einmal im Register *3D-Ansicht*, das standardmäßig geöffnet wird. Hier sollten Sie durch Anklicken mit der Maus im Bereich der *Texturfarben* den Eintrag von *True Color (32-Bit)* auf *High Color (16-Bit)* umstellen. Dies entlastet den Rechner deutlich, wobei sich das visuelle Erlebnis kaum ändert.

Wenn der verwendete Rechner über eine sehr leistungsfähige Grafikkarte verfügt, sollten Sie die sogenannte anisotrope Filterung nutzen, die standardmäßig allerdings deaktiviert ist. Diese Funktion sorgt dafür, dass ein weicher wirkendes Bild im Bereich des Horizonts generiert wird. Dies ist dann von Bedeutung, wenn nicht direkt von oben, sondern in einem bestimmten Neigungswinkel auf die Erde gesehen wird. Hierfür muss die Grafikkarte allerdings ebenfalls über mindestens 32 MByte Grafikspeicher verfügen.

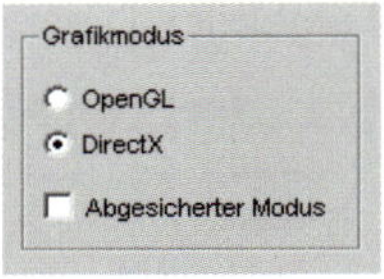

Sinnvoll ist es außerdem, den Grafikmodus, sofern Sie mit Windows arbeiten, auf DirectX einzustellen. Alternativ können Sie auch das Rendering-Verfahren OpenGL nutzen, wobei unter Linux und Mac nur das letztgenannte Verfahren unterstützt wird. Dieses wird auch standardmäßig aktiviert. Übrigens: Nutzen Sie Google Earth unter Windows, versucht die Software festzustellen, welche Einstellung für die verwendete Grafikkarte optimal ist, und schlägt diese Einstellungen automatisch vor. In aller Regel müssen Sie also hier nichts verändern.

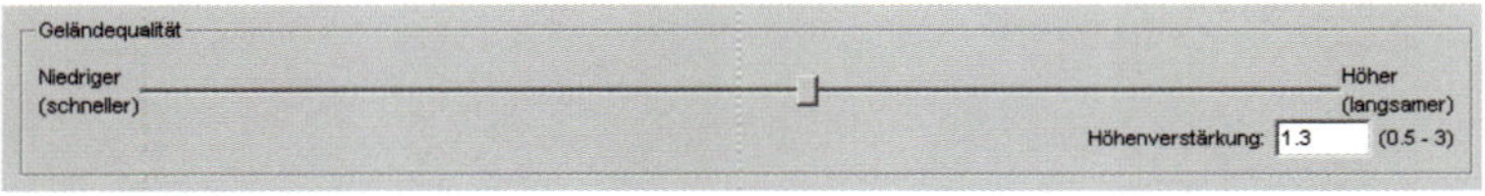

Ferner können Sie die Höhenanzeige auf die in Deutschland gebräuchlichen Meter und Kilometer umstellen. Interessant ist es auch, mit der Einstellung der Geländequalität zu spielen, wobei es hier schwer ist, generelle Empfehlungen zu geben. Fakt ist, dass Google Earth die Inhalte schneller darstellen kann, wenn Sie bereit sind, bei der Qualität Abstriche zu machen. Umgekehrt bedeutet es: Je hochwertiger die Qualität gewählt ist, desto länger dauert auch der Aufbau der Darstellung.

Damit sind nun fast alle wichtigen Einstellungen getätigt, wenngleich Google Earth noch zahlreiche andere Optionen und Einstellungsmöglichkeiten bietet. Viele davon werden noch in den weiteren Kapiteln angesprochen.

Bevor es nun richtig losgeht, müssen Sie nur noch festlegen, wie viel vom Arbeitsspeicher und Festplatten-Cache Sie dem Programm zubilligen wollen. Das entsprechende Dialogfeld finden Sie unter dem Register *Cache*.

1 Im ersten Schritt geben Sie im Feld *Größe des Arbeitsspeicher-Cach*e eine beliebige, möglichst große Zahl ein und bestätigen diese Eingabe mit der [Enter]-Taste. Wichtig: Sie müssen dabei nicht einmal wissen, über wie viel Arbeitsspeicher Ihr Computer

tatsächlich verfügt, denn das Programm passt, nachdem Sie diese Angabe gemacht haben, automatisch die Größe an den real vorhandenen Arbeitsspeicher an.

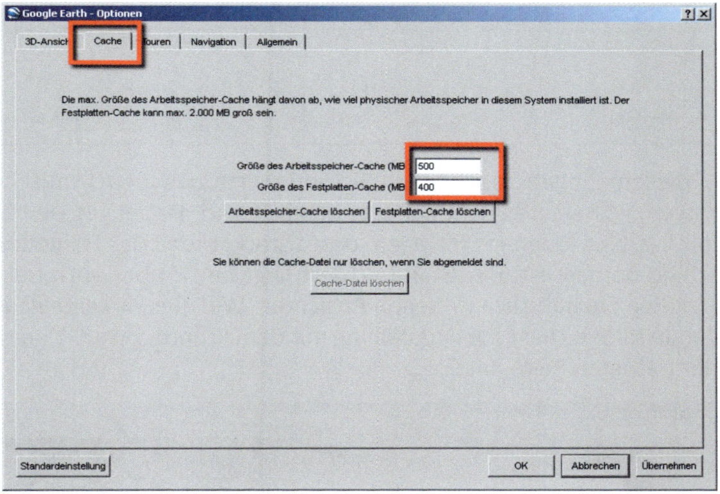

2 Nun müssen Sie nur noch den Festplatten-Cache eingeben, wobei hier der einfache Grundsatz gilt: je mehr, je besser. Allerdings ist der Festplatten-Cache auf 2 GByte begrenzt. Das Programm nutzt diesen Speicherplatz übrigens dann, wenn Sie Bildmaterial offline betrachten. So ist es möglich, auch ohne eine Verbindung zum Internet mit dem Programm zu arbeiten.

Festplatten-Cache wieder löschen

Um den Festplattenspeicher wieder zu löschen, melden Sie sich über *Datei/Vom Server abmelden* zuerst einmal vom Google Earth-Server ab. Anschließend können Sie über *Tools/Optionen* unter der Registerkarte *Cache* die alten Daten von der Festplatte entfernen.

Interessant und hilfreich ist die Funktion der *Höhenverstärkung*. Sie finden diese unter *Tools/Optionen* unter dem Register *3D-Ansicht* bei der Geländequalität hinterlegt.

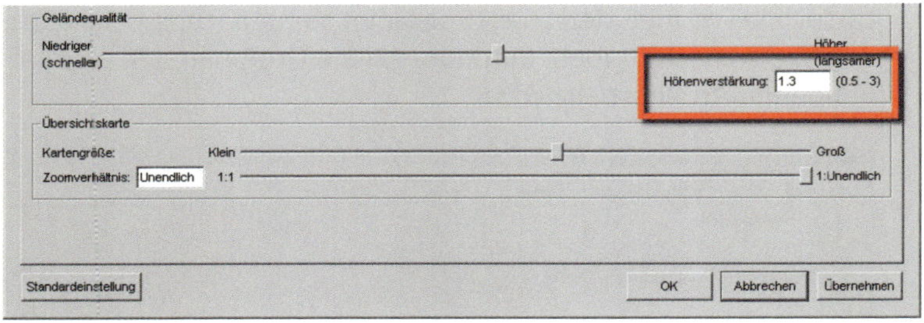

In diesem Eingabefeld können Sie nun Werte zwischen 1 und 3 eintragen, wobei auch Kommawerte möglich sind. Dabei gilt: Je höher der Wert ist, den Sie eintragen, desto stärker wird der Höhenunterschied dargestellt. Der Standardwert liegt bei 1, aber auch bei 1,5 erhalten Sie natürlich wirkende Ansichten. Wie dies wirkt, zeigen folgende Bilder. Hier eine Darstellung mit dem Standardwert 1 und auf der nächsten Seite mit 2,5:

Quelle: Google Earth

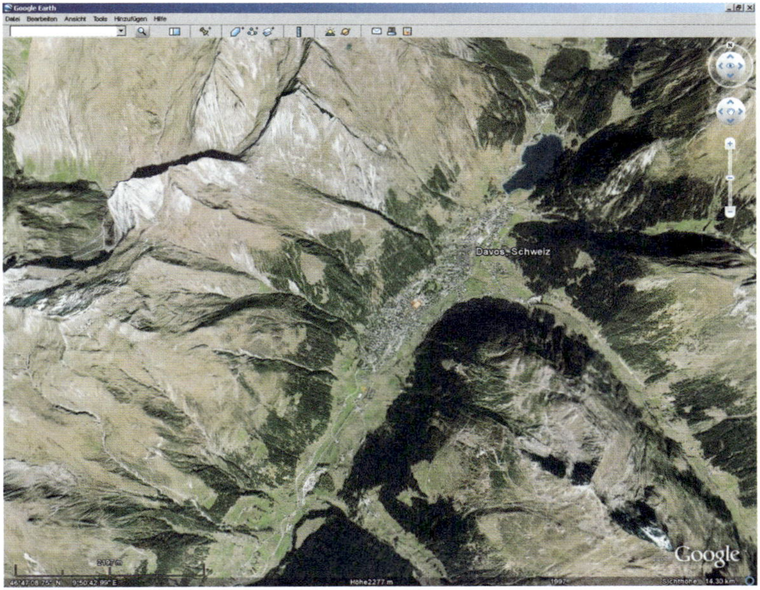

Quelle: Google Earth

Bildansichten speichern und per E-Mail verschicken

Sie werden, wenn Sie mit Google Earth arbeiten, immer wieder Bilder und Ansichten auf dem Bildschirm haben, die Ihnen gefallen und die Sie beispielsweise als Bilddatei speichern, verschicken oder in andere Anwendungen und Dokumente einbinden wollen. Hierfür gibt es verschiedene Möglichkeiten.

Am einfachsten ist es, wenn Sie mithilfe der Windows-Funktionen ein Bildschirmfoto schießen und dieses in Ihr Bildbearbeitungsprogramm einfügen. Dort können Sie dann alle weiteren Bearbeitungsschritte durchführen. Drücken Sie hierzu einfach die Taste [Druck] rechts neben den [F]-Tasten auf Ihrer Tastatur. Beim Drücken dieser Taste fertigen Sie eine Art Foto an, und zwar von dem, was in diesem Moment auf dem Bildschirm zu sehen ist. Starten Sie anschließend Ihr Bildbearbeitungsprogramm. Wenn Sie kein anderes installiert haben, können

Sie auch Paint verwenden, ein Bildbearbeitungsprogramm, das zum Lieferumfang von Windows XP und Windows Vista gehört. Sie finden es normalerweise unter *Start/Alle Programme/Zubehör*.

Fügen Sie dann über *Bearbeiten/Einfügen* den Inhalt der Zwischenablage in Paint ein. Noch schneller geht es über die Tastenkombination [Strg]+[V].

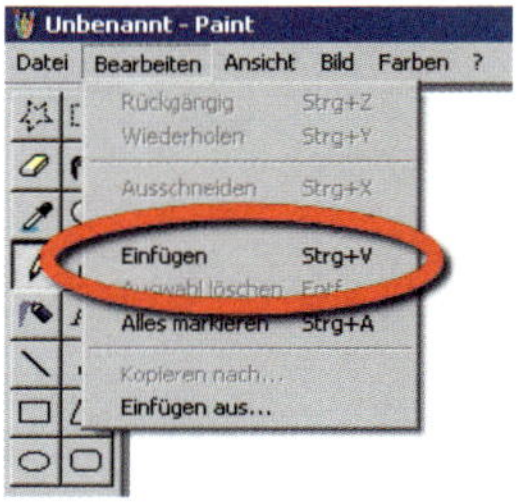

Nun sehen Sie die Programmansicht, von der Sie vorher ein Bild gemacht haben, wieder vor sich, doch diesmal ist es natürlich nicht das Programm Google Earth, sondern lediglich ein Foto des Bildschirminhalts. Sie können dieses Bild nun in Paint entsprechend bearbeiten, also beispielsweise die Menüzeile wegschneiden etc.

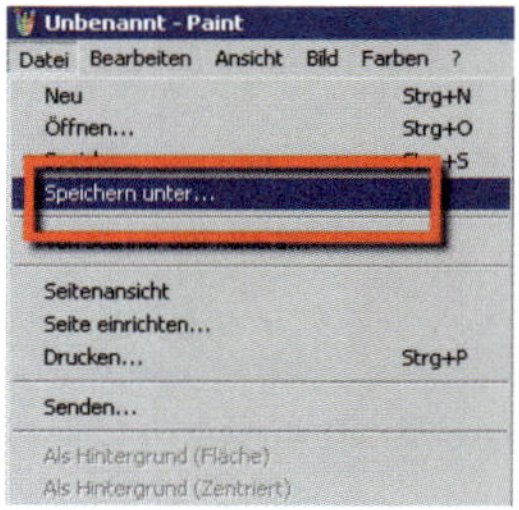

Anschließend wird das Bild über *Datei/Speichern unter* mit einem treffenden Namen versehen und in einem allgemeingültigen Bildformat (also beispielsweise als JPEG-Datei) gespeichert.

Vollbildmodus für bessere Bilder

Idealerweise sollten Sie den Vollbildmodus von Google Earth verwenden, wenn Sie Bildschirmfotos machen. Diesen aktivieren und deaktivieren Sie über die Taste [F11].

Alternativ hierzu können Sie auch direkt in Google Earth Fotos abspeichern. Diese Funktion finden Sie unter *Datei/Speichern/Bild speichern*.

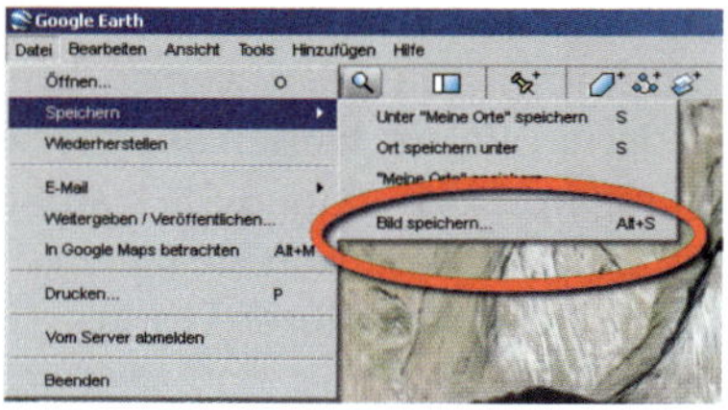

Anschließend brauchen Sie der Bilddatei nur noch einen aussagekräftigen Namen zu geben und diese als JPEG-Datei abzuspeichern.

Viele Bilder, die man erstellt, und viele Orte, die man gefunden hat, möchte man als E-Mail an Freunde und Bekannte verschicken. Hierzu bietet Google Earth eine besonders komfortable Funktion, denn statt ein Bild zu speichern, das E-Mail-Programm aufzurufen, eine neue E-Mail zu schreiben und die Bilddatei zu suchen und anzuhängen, können Sie gleich aus Google Earth heraus eine entsprechende E-Mail generieren. Das geht einfacher und schneller.

Wählen Sie hierzu über *Datei/ E-Mail* das entsprechende Menü aus.

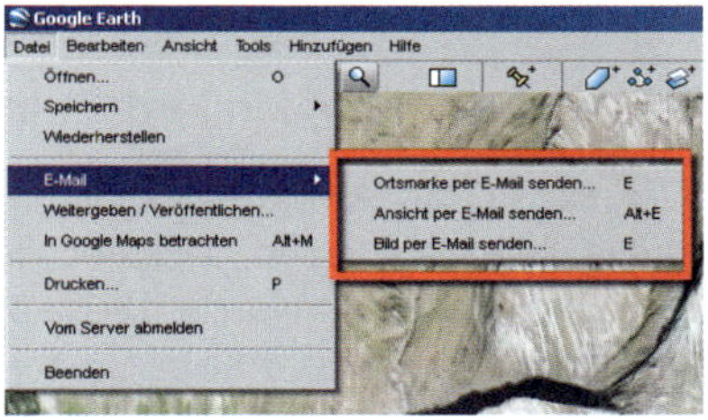

Hier haben Sie nun drei Möglichkeiten. Sie können – sofern es sich um eine Ortsmarke handelt, die auf dem Bildschirm dargestellt wird – diese per E-Mail verschicken oder Sie verschicken die aktuelle Ansicht bzw. ein Bild davon. Kurz zu den Unterschieden: Bei der ersten (*Ortsmarken per E-Mail senden*) und bei der zweiten Option (*Ansicht per E-Mail senden*) wird jeweils eine sogenannte KMZ-Datei von der aktuellen Ansicht erstellt und an eine E-Mail angehängt. Der Empfänger braucht dann nur diese Datei mit Google Earth zu öffnen und sieht sofort die gleiche Ansicht. Voraussetzung hierfür ist allerdings, dass der Empfänger ebenfalls Google Earth ab der Version 3.0 installiert hat und nutzt.

Formatänderung bei KMZ-Dateien

Das Dateiformat für Ortsmarken wurde beim Sprung von Google Earth 2.2 auf 3.0 geändert, sodass die neuen Dateien nicht von Benutzern einer älteren Version geöffnet werden können. Senden Sie stattdessen eine Bilddatei, oder – noch besser – der Empfänger lädt sich die neuste Version von Google Earth herunter.

Unproblematisch hingegen ist die dritte Möglichkeit, also das Versenden einer Bilddatei. Hierbei spielt es keine Rolle, ob der Empfänger Google Earth installiert hat oder nicht. Er braucht lediglich ein entsprechendes Programm, um die Bilddatei ansehen zu können, und hierfür reicht sogar ein Internetbrowser.

Der schnelle Weg zur E-Mail

Wenn Sie in der Symbolleiste auf das E-Mail-Symbol klicken, sparen Sie sich den Umweg über die Menüzeile. Noch schneller geht es mit der Tastenkombination Strg+Alt+E.

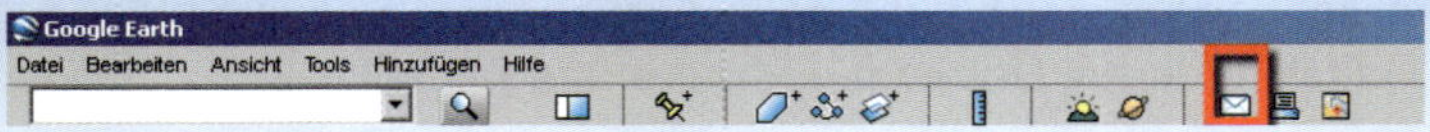

Den passenden E-Mail-Account einrichten

Wenn das E-Mail-Programm nicht auf die oben genannten Befehle reagiert, liegt dies daran, dass noch kein Standard-E-Mail-Programm in Windows hinterlegt wurde. Dies können Sie ganz einfach nachholen: Öffnen Sie hierzu über *Start/Systemsteuerung* durch Doppelklick die *Internetoptionen*. Wenn Sie mit der Kategorieansicht arbeiten, finden Sie den Eintrag unter *Netzwerk- und Internetverbindungen*.

Wählen Sie in dem sich öffnenden Dialogfenster das Register *Programme*. Dort können Sie im Bereich der *Internetprogramme* unter dem Eintrag *E-Mail* aus der Dropdown-Liste ein Programm auswählen, das zukünftig als Standardprogramm für die elektronische Kommunikation verwendet werden soll. Bestätigen Sie die Eingabe mit *Übernehmen*.

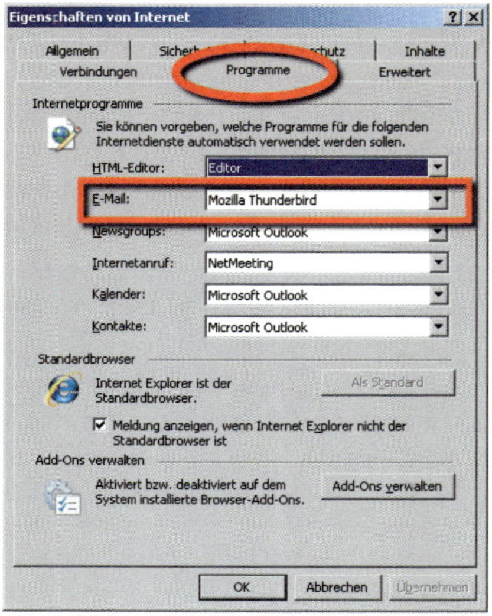

Zudem bietet Google Earth verschiedene E-Mail-Optionen an. Diese finden Sie über *Tools/Optionen* unter dem Register *Allgemein*.

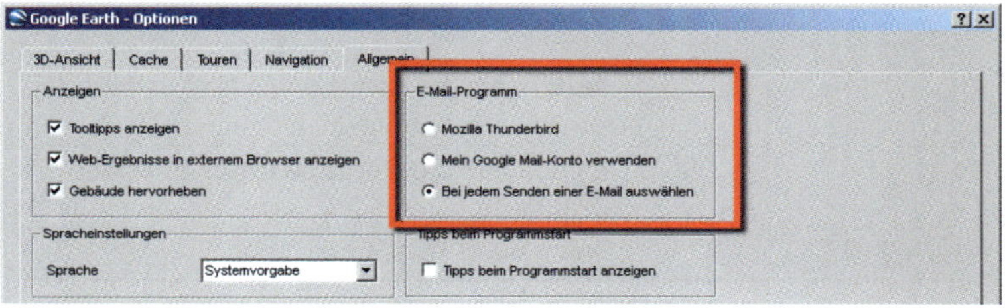

Hier zeigt Google Earth drei verschiedene E-Mail-Optionen an, wobei der erste Eintrag sich danach richtet, was in Windows als Standardprogramm für E-Mail hinterlegt wurde. Der zweite Eintrag ist standardmäßig *Mein Google Mail-Konto verwenden*. Bei Variante drei können Sie bei jedem Senden einer E-Mail auswählen, über welches Programm dies ausgeführt werden soll.

Die wichtigsten Tastenkombinationen für die 3-D-Ansicht

Natürlich können Sie die Maus bzw. das Navigationswerkzeug nutzen, um bestimmte Funktionen auszuführen oder bestimmte Ansichten auszuwählen. Oftmals geht es aber schneller und einfacher, wenn Sie hierfür Tastenkombinationen verwenden.

Tastenkombination	Befehl
[→], [←], [↑], [↓]	Dreht die Ansicht in Richtung der betätigten Pfeiltaste.
[Umschalt]+[→] oder [←]	Dreht die Ansicht mit oder entgegen dem Uhrzeigersinn.
[Strg]+[M]	Blendet die Übersichtskarte ein oder aus.
[Strg]+[↑]	Heranzoomen.
[Strg]+[↓]	Herauszoomen.
[Umschalt]+[↑] (oder [Bild↑])	Ansicht nach oben neigen.
[Umschalt]+[↓] (oder [Bild↓])	Ansicht nach unten neigen.
[Leertaste]	Stoppt die Bewegung im Viewer.
[N]	Dreht die Ansicht wieder in die Ausrichtung nach Norden.

Tastenkombination	Befehl
U	Ändert den Blickwinkel von Neigung wieder zurück in die Draufsicht.
R	Kombiniert die Nordausrichtung mit der Draufsicht.
Strg+Alt+P	Startet und stoppt eine Tour.

Es geht auch langsamer ...

Manchmal möchte man bestimmte Ansichtsänderungen langsamer ausführen, als Google Earth dies normalerweise vornimmt. Wenn Sie bei den oben gelisteten Befehlen zusätzlich die Alt-Taste drücken, werden die meisten Bewegungen langsamer ausgeführt.

Die wichtigsten Tastenkombinationen für die Seitenleiste

Wenn Sie sich im Bereich der Seitenfenster (*Orte* oder *Ebenen*) bewegen, können Sie ebenfalls diverse Tastenkombinationen nutzen, um damit manche Eingaben schneller und einfacher zu erledigen.

Tastenkombination	Befehl
Leertaste	Aktiviert bzw. deaktviert das Häkchen vor einem bestimmten Eintrag.
↑ oder ↓	Wählt das vorherige bzw. das nächste Element in einer Liste aus (beispielsweise bei Ortsmarken).
→	Ist das gewählte Element ein Ordner mit mehreren Einträgen, wird damit der Ordner geöffnet und die entsprechenden Einträge werden angezeigt.
←	Der jeweilige Ordner wird geschlossen.
Entf	Kann nur im Bereich *Orte* verwendet werden. Hierbei löscht das Drücken dieser Taste den ausgewählten Ortseintrag nach einer entsprechenden Rückfrage.

Tastenkombination	Befehl
Mausrad	Sie können mit dem Mausrad die Transparenz eines im Bereich *Orte* ausgewählten Overlays ändern. Klicken Sie hierzu den Transparenz-Schieberegler an und bewegen Sie das Mausrad nach oben (Overlay wird deckender) oder nach unten (Overlay wird durchscheinender).

Die klassischen Tastenkombinationen für Google Earth

Neben den hier angesprochenen programmspezifischen Tastenkombinationen unterstützt Google Earth natürlich auch alle Klassiker, d. h., mit [Strg]+[C] kopieren Sie beispielsweise den Inhalt in die Zwischenablage, mit [Strg]+[V] fügen Sie den Inhalt der Zwischenablage wieder ein, [Strg]+[P] führt zum Druckmenü etc. Die nachfolgende Tabelle stellt die wichtigsten Shortcuts noch einmal zusammen.

Tastenkombination	Befehl
[Strg]+[O] (= Buchstabe O)	Es wird ein Fenster angezeigt, aus dem Sie Dateien auswählen können, die von Google Earth geöffnet werden können.
[Strg]+[Alt]+[S]	Zum Speichern der aktuellen Ansicht als Bilddatei.
[Strg]+[P]	Öffnet das Druckmenü.
[Strg]+[Alt]+[E]	Zum Versenden per E-Mail – schickt die aktuelle Ansicht dann als Ortsmarke oder als Bilddatei.
[Strg]+[C]	Kopiert ein Element in die Zwischenablage.
[Strg]+[X]	Ein Element wird ausgeschnitten und in der Zwischenablage hinterlegt.
[Strg]+[V]	Das Element aus der Zwischenablage wird wieder eingefügt.
[Strg]+[F]	Öffnet das Suchfenster in der Seitenleiste im Bereich *Orte*.
[Strg]+[L]	Blendet die Längen- und Breitengrade als Gitternetz ein.

Tastenkombination	Befehl
[Enter]	Fliegt und zoomt das Objekt an, das im Bereich *Orte* ausgewählt ist.
[Strg]+[Alt]+[B]	Blendet die Elemente der Seitenleiste ein oder aus.
[Strg]+[Umschalt]+[P]	Ortsmarke hinzufügen.
[Strg]+[Umschalt]+[N]	Erstellt einen neuen Ordner.
[Strg]+[Umschalt]+[O] (= Buchstabe O)	Das Dialogfeld *Neues Bild-Overlay* wird geöffnet.
[Strg]+[Umschalt]+[M]	Das Dialogfeld *Neues Modell* wird geöffnet.
[Strg]+[Umschalt]+[T]	Das Dialogfeld *Neuer Pfad* wird geöffnet.
[Strg]+[Umschalt]+[G]	Das Dialogfeld *Neues Polygon* wird geöffnet.

Google Earth regelmäßig aktualisieren

Das Programm Google Earth wird in unregelmäßigen Abständen immer wieder aktualisiert. Sie müssen allerdings nicht ständig die Internetseite von Google Earth kontrollieren, ob Aktualisierungen vorliegen. Das kann nämlich auch das Programm ohne Ihr Zutun.

Unter *Hilfe/Auf Online-Updates prüfen* finden Sie die benötigte Funktion. Sie zeigt in diesem Fenster an, ob Updates vorliegen oder nicht.

Wenn es ein Update gibt, klicken Sie auf den blau hinterlegten Link, um dieses zu installieren. Das Programm wird nun geschlossen und die Aktualisierung heruntergeladen. Sie können dabei auswählen, ob die Installationsdatei nur gespeichert oder gleich automatisch installiert werden soll.

Das Speichern der Datei empfiehlt sich, wenn Sie beispielsweise Google Earth auch noch auf einem anderen Rechner einrichten wollen, ansonsten können Sie getrost das Programm ausführen.

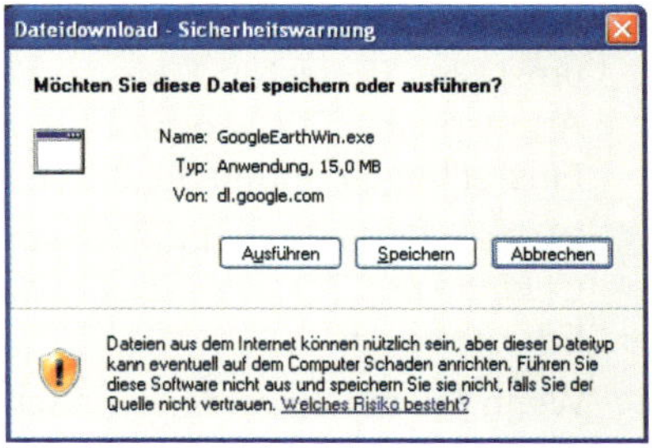

Anpassen der Firewall

Durch die Aktualisierung wird die ausführende Datei von Google Earth geändert. Wenn Sie eine Firewall installiert haben, kann es sein, dass diese erst einmal den Zugriff des Programms auf das Internet verhindert. Sie müssen dann in der Firewall die entsprechenden Freigaben für das Programm wieder erteilen.

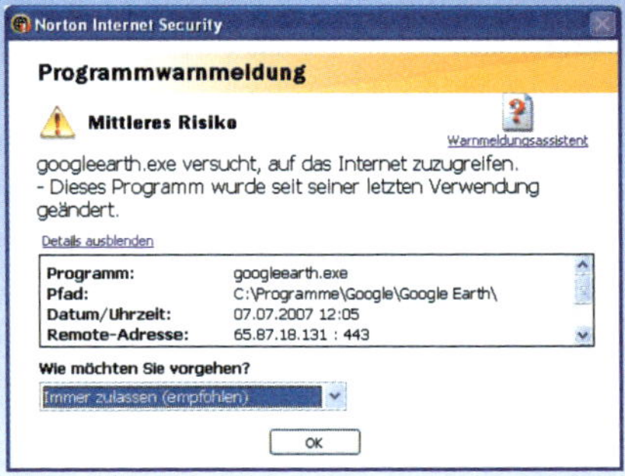

Auf die Schnelle: die besten Tipps & Tricks

- Sie können in Google Earth auch mit den Pfeiltasten navigieren, wobei die neuste Version sogar eine diagonale Navigation unterstützt. Drücken Sie beispielsweise die Tasten [↑] und [←] gleichzeitig, bewegt sich die Ansicht diagonal nach oben. Diese diagonale Navigation funktioniert natürlich auch in jeder anderen Richtung.
- Sie können die Flug- und Tourengeschwindigkeit individuell einstellen. Sie finden die hierfür nötigen Einstellungsfunktionen unter *Tools/Optionen* unter dem Register *Touren*.

- Wenn Ihr Rechner gerade so die Systemanforderungen erfüllt, können Sie ihn entlasten, indem Sie die Farbtiefe von 32 auf 16 Bit umstellen (Register *3D-Ansicht*, Stichwort *Texturfarben*) und die Atmosphäre (Stichwort *anisotrope Filterung*) deaktivieren. Diese Einstellungen finden Sie unter *Tools/Optionen*.
- Weitere Entlastung für Ihr System bringt es, wenn Sie die Ebenen *Gelände* und *3D-Gebäude* nur dann aktivieren, wenn Sie dies wirklich brauchen.
- Wenn Sie auf einer der englischsprachigen Webseiten zu Google Earth Schwierigkeiten haben, den Text zu verstehen, können Sie sich diesen auch übersetzen lassen. Öffnen Sie hierzu im Browserfenster die Suchseite von Google (*www.google.de*) und klicken Sie dort auf die *Sprachtools* neben der Suchzeile. Geben Sie in dem sich öffnenden Fenster in der Zeile unter *Eine Webseite übersetzen* die URL der englischsprachigen Webseite an und klicken Sie dann auf die Schaltfläche *Übersetzen*. Nun bekommen Sie die Webseite in deutscher Sprache angezeigt. Diese Übersetzung ist zwar nicht vollkommen, hilft aber bei der Orientierung.
- Sichern Sie Ihre Google Earth-Datei: Ein simpler Hardwaredefekt, ein Blitzschlag oder ein Virus kann die Daten auf Ihrer Festplatte zerstören oder unleserlich machen. Deshalb sollten Sie in regelmäßigen Abständen die Datei mit Ihren individuellen Einstellungen und gespeicherten Orten sichern. Sie finden diese mit dem Namen *myplaces.kml* im Verzeichnis *C:\Dokumente und Einstellungen\<Ihr Benutzername>\Anwendungsdaten\Google\GoogleEarth*.
- Google Earth enthält auch einen rudimentären Browser, der alle Webereignisse direkt im Programm einblendet. Deaktivieren Sie für die Nutzung dieses internen Browsers die Option *Web-Ereignisse in externem Browser anzeigen*. Sie finden diese unter *Tools/Optionen* unter dem Register *Allgemein*.

3. „Da wohnen Sie!": in rasanter „Kamerafahrt" aus dem All mitten in Ihr Wohnzimmer fliegen

Sicherlich wollen Sie wissen, wie das Haus, in dem Sie wohnen oder arbeiten, von oben aussieht. Dann nichts wie los auf diese abenteuerliche Flugreise. Anschnallen müssen Sie sich bei diesem Flug übrigens nicht ... Starten Sie also Google Earth.

Quelle: Google Earth

> **Google Earth im Vollbildmodus**
>
> Wenn Sie die Taste F11 drücken, schaltet Google Earth in den Vollbildmodus. Der ist dann hilfreich, wenn Sie sich einfach an einen bestimmten Ort heranklicken wollen. Ein Mausklick auf die entsprechende Stelle genügt, und der Globus fängt an, sich zu drehen, und Sie bewegen sich langsam auf den angewählten Ort zu. Über F11 verlassen Sie den Vollbildmodus auch wieder.

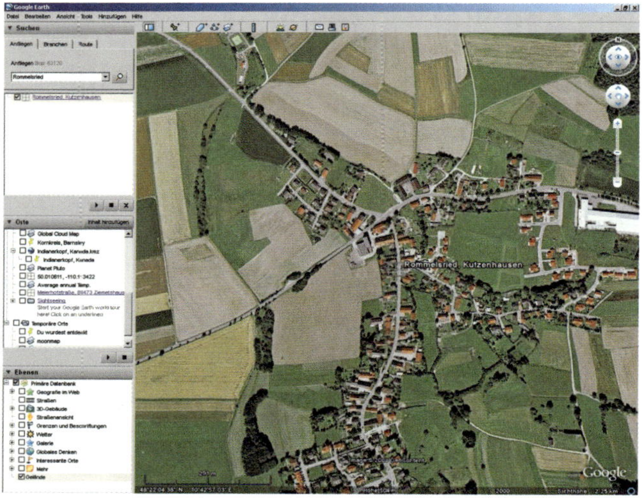

Quelle: Google Earth

Wenn Sie nicht im Vollbildmodus arbeiten, finden Sie links die Suchfunktion eingeblendet. Geben Sie nun in einem ersten Schritt unter *Anfliegen* einfach den Namen des Landes oder des Ortes ein, den Sie besuchen wollen. In unserem Beispiel ist dies die Gemeinde Rommelsried westlich von Augsburg. Bestätigen Sie Ihre Eingabe, indem Sie auf das kleine Lupensymbol hinter dem Eingabefeld klicken oder die [Enter]-Taste drücken. Schon geht die Reise los, und Sie können einen ersten Blick auf Ihr Zuhause werfen.

Google Earth startet mit Europa

Viele Änderungen und Updates von Google Earth korrigieren nur kleine Aspekte im Programm, z. B. die neuste Aktualisierung auf die Google Earth-Programmversion 4.3.7191.6508 (Beta) .

So startet das Programm nun mit Europa, d. h., wenn Sie Google Earth öffnen und nichts eingeben, dreht sich der virtuelle Globus, bis der europäische Kontinent im zentralen Blickfeld ist. Eine weitere Neuerung: Bei jedem Start werden Tipps und Tricks eingeblendet. Es empfiehlt sich, diese so lange aktiviert zu lassen, bis Sie alle Tipps einmal gelesen haben. So lernen Sie die vielfältigen Funktionen des Programms mühelos kennen.

Zudem wurden und werden in unregelmäßigen Zeitabständen die Karten und Layer ergänzt. So bietet die neuste Version unter anderem eine Verkehrsanbindung für Städte in den USA, Straßen und Ortsmarken für Singapore und Indien, neue Ortsmarken für Brasilien und eine Zusammenstellung von Radstrecken und Skilifte der Schweiz.

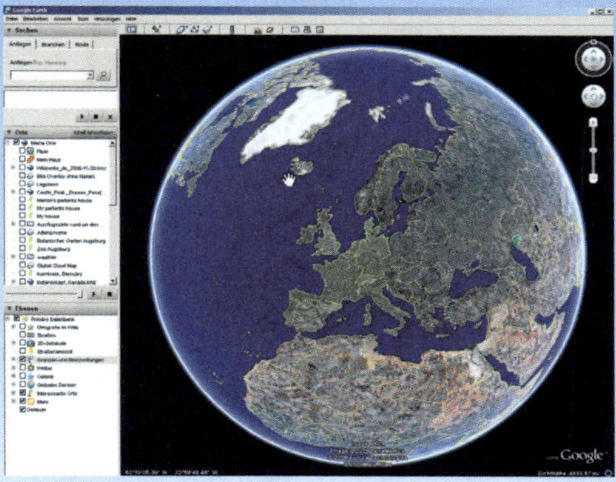

Quelle: Google Earth

Hinzugekommen ist ferner eine Weltraumansicht (Details hierzu finden Sie in Kapitel 8), Videos in Form von Pop-up-Infos zu Ortsmarken und die Unterstützung neuer Sprachversionen.

So navigieren Sie schnell zu Ihrem Zuhause: noch mehr Suchfunktionen einsetzen

Wenn es noch genauer sein soll, dann tippen Sie nicht nur den Ort, sondern auch noch den Straßennamen mit ein und bestätigen diese Eingabe. Die Suchfunktion von Google Earth unterstützt nämlich bei der Suche eine ganze Reihe von unterschiedlichen Eingaben, wobei es keine Rolle spielt, ob Sie diese mit oder ohne Komma eingeben. Hier nun die Sucheingaben im Detail:

- Ort, Bundesland (z. B. Augsburg, Bayern)
- Ort, Land (Paris, Frankreich)
- Straße, Hausnummer, Ort (z. B. Bergstrasse 1, Sulzbach)
- Postleitzahl, Land (86150 Deutschland)
- Koordinaten im Dezimalformat (49,5949)
- Breite, Länge im DMS-Format (47 25'19.07"N, 2 05'06.24"W)

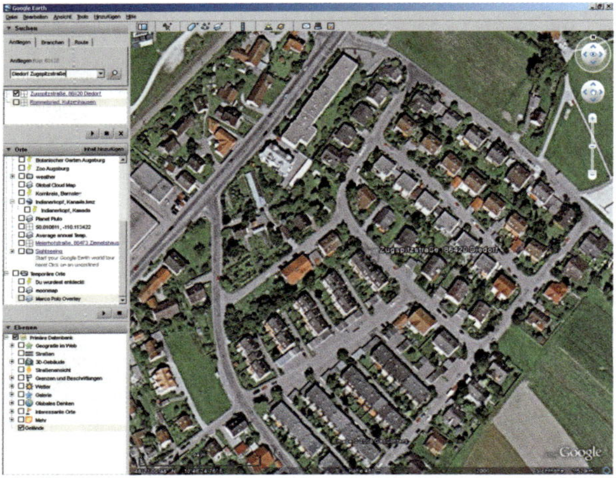

Quelle: Google Earth

Die Fundstelle, also in diesem Fall den Ort und die Straße, markiert Google Earth entsprechend. Sollte eine Sucheingabe fehlerhaft sein, meldet das Programm dies entsprechend zurück.

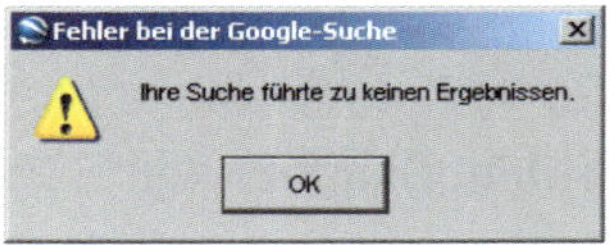

Keine Panik: Wenn dieses Feld erscheint, hat man sich in den meisten Fällen nur vertippt. Dennoch gibt es einige Suchanfragen, mit denen das Programm nicht zurechtkommt. So machen beispielsweise die Namen von Bundesländern oder Provinzen ohne eine Angabe des Landes Schwierigkeiten. Dies gilt auch für Namen von kleinen Städten und Orten, die in sehr vielen Ländern vorkommen.

Nicht überall funktioniert die Suche nach Straßen

Beachten Sie, dass die Adresssuche nach Straßen nur auf bestimmte Länder beschränkt ist und nicht überall funktioniert. Derzeit gibt es die Suche nach Straßennamen für insgesamt 24 Länder der Erde. Mit dabei sind die USA, Großbritannien, Kanada, Deutschland, Frankreich, Italien und Spanien. Das heißt übrigens nicht, dass nicht in anderen (Welt)-Städten auch die Straßennamen angezeigt werden können, aber es kann eben nicht nach diesen gesucht werden.

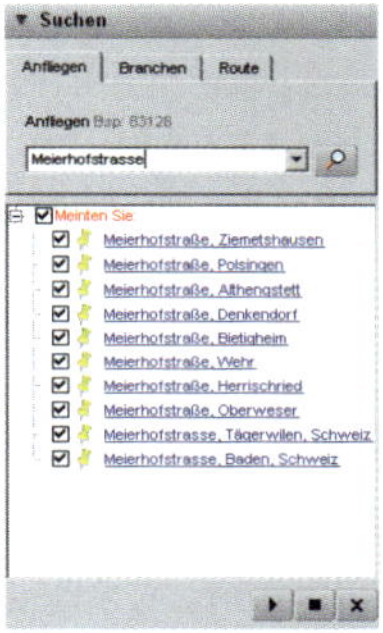

Manchmal zeigt das Programm bei einer Ortsangabe mit Hausnummer nicht die exakte Stelle an, wo in der Realität das Gebäude steht. Dies liegt daran, dass die Adressdatenbank mit einer Schätzung arbeitet. Sind also in einer Straße beispielsweise 70 verschiedene Adressen registriert, wird der Einfachheit halber davon ausgegangen, dass diese Adressen sich gleichmäßig (also jedes Haus ist gleich groß und hat ein gleich großes Grundstück) über den gesamten Straßenzug verteilen. Da dies in der Realität natürlich nicht so ist, treten bei der Hausnummernsuche zum Teil deutliche Abweichungen auf.

Geben Sie eine ungenaue Adresse ein, also beispielsweise nur den Namen einer Straße, die im deutschen Straßennetz mehrfach vorhanden ist, zeigt das Programm in der Liste unterhalb der Suchfunktion alle möglichen Treffer an. Klicken Sie dann auf den Eintrag, der für Sie von Bedeutung ist. Auf diese Weise können Sie beispielsweise auch herausfinden, ob und wie oft es die Straße gibt, in der Sie wohnen ...

Städtenamen in deutscher Sprache

Damit außerhalb Deutschlands die Namen der Städte in deutscher Sprache dargestellt werden, wählen Sie aus der Ebenen-Liste, die sich im linken unteren Bereich des Hauptbildschirms befindet, den Eintrag *Alternative Ortsnamen* aus und wählen in dem Register, das sich öffnet, *Deutsch* aus.

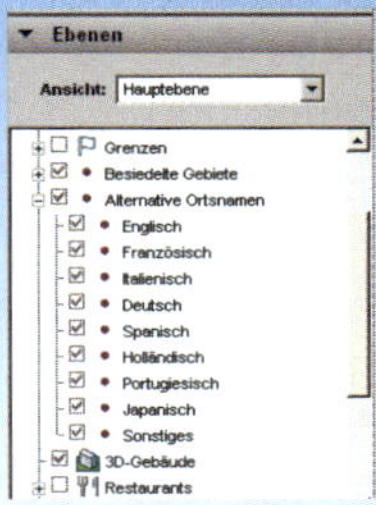

Alternative Suchmethoden nutzen

Google Earth bietet im Suchfeld noch zusätzliche Register, über die sich noch zwei weitere Suchmethoden aktivieren und nutzen lassen. Klicken Sie beispielsweise auf das zweite Register mit der Beschriftung *Branchen*, können Sie ganz gezielt nach bestimmten Geschäftseinträgen suchen.

Beispiel: Sie geben unter *Was* die Bezeichnung des Lebensmitteldiscounters *Aldi* und unter *Wo* den Ort ein, an dem Sie danach suchen wollen. In der Liste unterhalb der Suchfunktion sehen Sie dann alle Treffer mit der genauen Adresse eingeblendet. Zusätzlich zeigt Ihnen die eingeblendete Satellitenansicht ebenfalls die verschiedenen Treffer in einer passenden Übersicht an.

Übrigens: Ganz so eng, wie der Begriff Branche eigentlich gefasst ist, wird er hier nicht verwendet. So können Sie mit dieser Funktion auch durchaus nach Museen, Universitäten oder anderen Einrichtungen suchen.

Schließlich sei an dieser Stelle noch kurz auf die dritte Suchfunktion hingewiesen, die Routensuche. Hierbei geben Sie einfach Start- und Zielort ein und Google Earth berechnet die zu fahrende Route und zeigt diese dann auch in der Übersicht von oben an. Wie bei allen anderen Ansichten können Sie natürlich auch hier in die Ansicht hineinzoomen und sich die Details, die Ihnen wichtig sind, genauer ansehen. Zudem erhalten Sie im linken Bereich des Bildschirms unter der Suchfunktion eine detaillierte Wegbeschreibung. Wenn Sie diese auf die Fahrt mitnehmen möchten, klicken Sie auf *Druckversion*. Dann zeigt das Programm im unten eingeblendeten Browser eine druckfähige Kartenansicht mit den entsprechenden Abbiege- und Streckenanweisungen. Noch übersichtlicher ist es, wenn Sie diese druckbare Vorschau in einem externen Browser öffnen.

Klicken Sie hierzu, wie in dem nachfolgendem Bild zu sehen, auf das Symbol links neben dem Kreuz. Dann wird die vorher unten im Bild eingeblendete Übersichtsseite in Ihrem Browser als neue Seite geöffnet. Diese Ansicht können Sie dann ausdrucken.

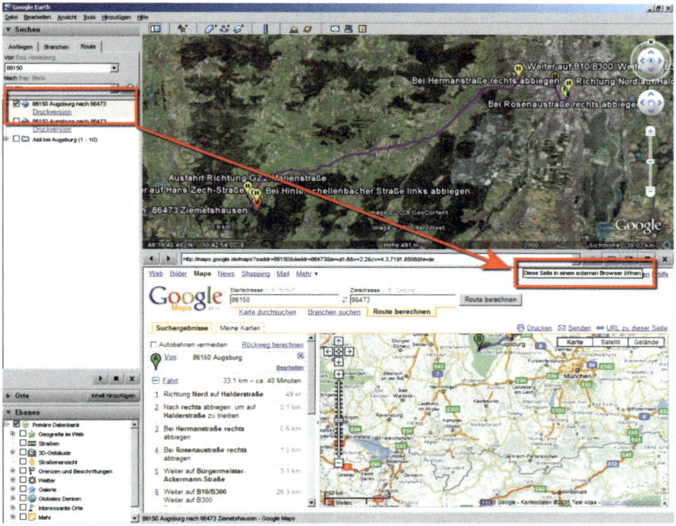

Quelle: Google Earth

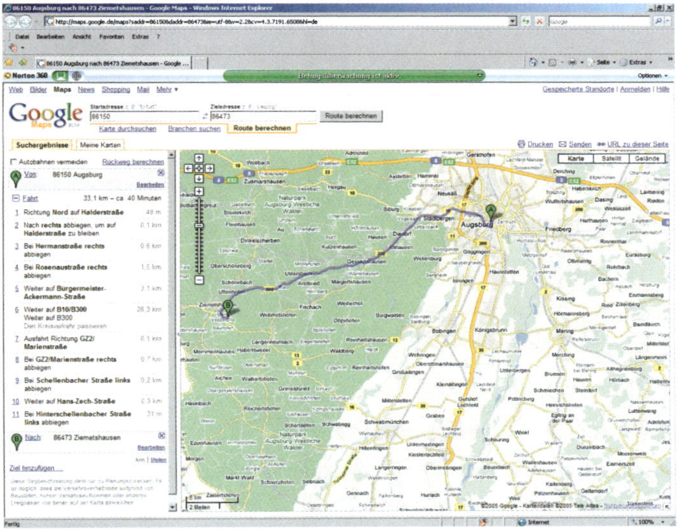

Quelle: Google Maps

Übrigens können Sie die angezeigte Strecke auch virtuell abfahren, wobei wohl abfliegen das bessere Wort hierfür ist. Zuständig hierfür ist die kleine Play-Taste, die unter der Trefferliste eingeblendet wird. Klicken Sie diese an, fängt das Bild an, sich zu drehen, und Sie fliegen wie mit einem Helikopter die gesamte Strecke ab.

Sie können während der Tour pausieren, indem Sie noch einmal auf die Play-Taste drücken. Durch Klick auf das *X* wird die Tour beendet.

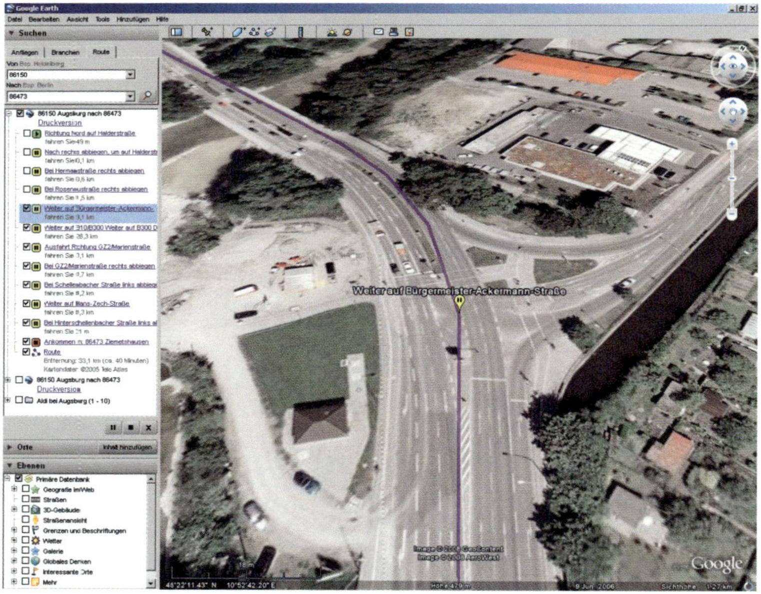

Quelle: Google Earth

Während der Tour den Zoom ändern

Ändern Sie die Zoomauflösung während einer Tour, beispielsweise indem Sie am Scrollrad der Maus drehen, wird die Tour sofort gestoppt. Klicken Sie dann wieder auf *Play*, beginnt die Tour wieder ganz von vorn.

Flugsimulator in Google Earth

In Google Earth lässt sich ein Flugsimulator aufrufen. Allerdings ist diese Funktion normalerweise nicht eingeblendet. Um sie zu aktivieren, müssen Sie auf Windows-Systemen die Tastenkombination [Strg]+[Alt]+[A] bzw. auf Mac-Systemen die Tastenkombination [command]+[option]+[A] betätigen. (Manchmal funktioniert es auf Windows-Systemen wohl auch mit [Strg]+[A] oder alternativ [Strg]+[Windows]+[A]. Also einfach ausprobieren). Ist der Flugsimulator freigeschaltet, lässt er sich jederzeit über das Tools-Menü wieder aufrufen.

Tipp: Damit Ihr Ausflug in die Wolken nicht innerhalb kürzester Zeit in einer Bruchlandung endet, sollten Sie sich die Liste der Tastenkombinationen ansehen oder – noch besser – ausdrucken. Diese Liste wird Ihnen eingeblendet, wenn Sie auf *Hilfe* im Dialogfeld des Flugsimulators klicken.

Die Suchergebnisse speichern

Sicherlich werden Sie schon bemerkt haben, dass in der Listenanzeige unter dem Suchfeld die gesamten Suchanfragen abgelegt werden. Doch dies gilt nur so lange, wie Sie mit Google Earth arbeiten. Beenden Sie nämlich das Programm, wird diese temporäre Liste komplett gelöscht und Sie müssen beim nächsten Mal, wenn Sie wieder mit dem Programm arbeiten und den einen oder anderen Ort wieder besuchen wollen, diesen nochmals suchen.

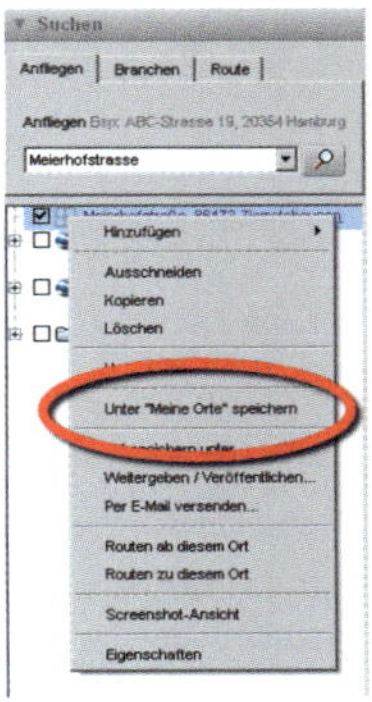

Schneller, einfacher und effektiver ist es, wenn Sie diese gefundenen Punkte abspeichern. Das geht ganz einfach. Klicken Sie hierzu in der Liste mit den angezeigten Treffern mit der rechten Maustaste auf den Eintrag, den Sie abspeichern wollen. Wählen Sie dann aus dem angezeigten Kontextmenü den Eintrag *Unter „Meine Orte" speichern*.

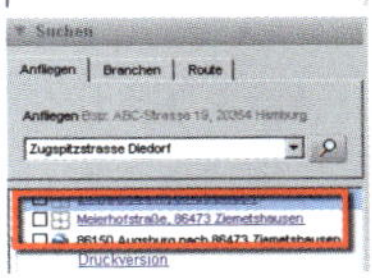

Dieser so erstellte Eintrag bleibt nun so lange im Bereich *Meine Orte* erhalten, bis Sie diesen wieder manuell löschen.

Orte aus der Satellitenansicht sichern

So wie Sie die Orte aus der Trefferliste im Bereich *Unter „Meine Orte" speichern* dauerhaft ablegen können, so einfach geht es auch in der Satellitenbildansicht. Den betreffenden Ort mit der rechten Maustaste anklicken und in dem sich öffnenden Kontextmenü den entsprechenden Eintrag zum Speichern auswählen.

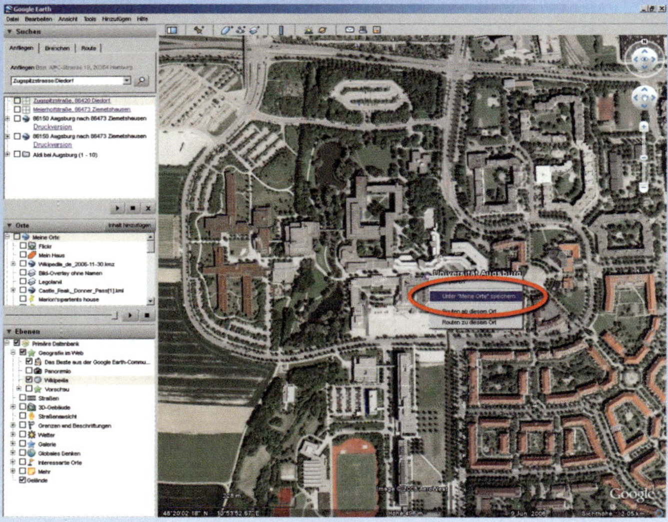

Quelle: Google Earth

Lokaltermin am PC: Wohnungssuche Teil 1

Wenn Sie auf der Suche nach einer neuen Wohnung sind, nutzen Sie die Möglichkeit, bei Google Earth zu recherchieren. So sehen Sie gleich, wie verkehrsgünstig oder ruhig die Wohnung liegt, wie weit entfernt eventuelle Einkaufsmöglichkeiten sind oder wo die nächste Straßenbahnhaltestelle ist.

Sehen Sie noch mehr: zusätzliche Infos einblenden

Es gibt eine Reihe von mehr oder weniger sinnvollen Zusatzoptionen, die Sie auf Wunsch in das Satellitenbild mit einblenden lassen können.

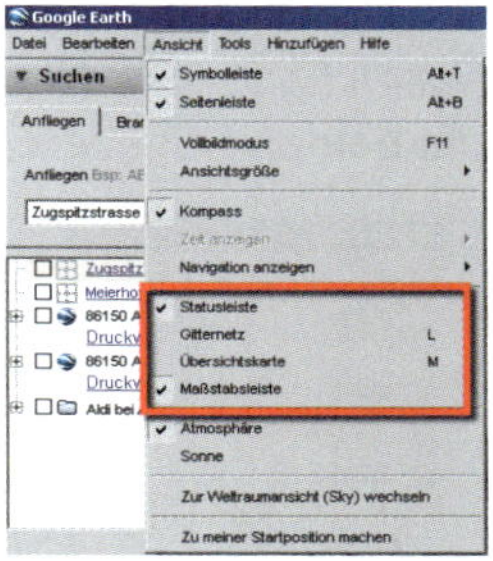

Die wichtigsten Zusatzinfos, nämlich die Statusleiste, das Gitternetz, die Übersichtskarte, die Maßstableiste und die Atmosphäre finden Sie im unteren Teil des Menüpunkts *Ansicht* zusammengefasst.

Die Statusleiste wird unter der Satellitenansicht angezeigt. Sie informiert über die geografische Lage des Ortes, an dem sich die Maus gerade befindet, indem sie den Breiten- und Längengrad anzeigt. Im Fall von Deutschland ist dies also immer eine nördliche Breite und eine östliche Länge. Die dritte Angabe in dieser Statuszeile ist die Höhenlage, also wie viele Meter über dem Meeresspiegel die Stelle liegt, über die Sie gerade mit der Maus fahren. Daran anschließend folgt der Übertragungsstatus. Steht dieser auf 100 Prozent, sind alle Informationen, die Google Earth vom Server für die entsprechende Darstellung benötigt, übertragen. Die letzte Angabe der Statusleiste ist dann die Sichthöhe. Sie gibt an, aus wie viel Metern bzw. Kilometern Höhe Sie auf die entsprechende Szene blicken.

Die Gitternetzdarstellung ist nur dann sinnvoll, wenn Sie mit den Längen- und Breitengraden arbeiten wollen und sich beispielsweise auf ein ganz bestimmtes Gebiet konzentrieren. Hierbei arbeitet Google Earth nach dem Prinzip, dass die Informationen über die Längen- und Breitengrade umso genauer werden, je näher Sie an einen Ort heranzoomen. Leider macht dieses Gitter die Darstellung etwas unübersichtlich, sodass Sie besser nur die Statusleiste einblenden, denn auch diese zeigt ja ebenfalls den Breiten- und Längengrad an.

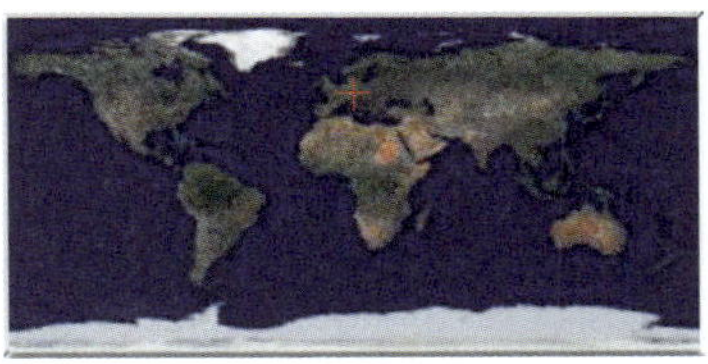

Quelle: Google Earth

Außerordentlich hilfreich hingegen ist die Übersichtskarte, die Sie per Mausklick einblenden können. Sie zeigt Ihnen in Form eines roten Kreuzes immer, wo Sie sich gerade befinden. Bezugspunkt hierbei ist gemäß den Standardeinstellungen stets die Weltkarte. Dies können Sie allerdings ändern. Über *Tools/Optionen* finden Sie unter dem Register *3D-Ansicht* im unteren Bereich die beiden Schieberegler für die Darstellung der Übersichtskarte.

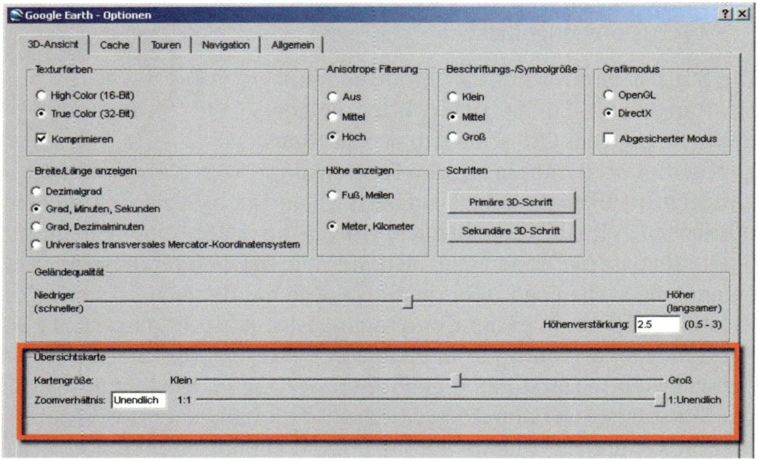

Wenn Sie den oberen der beiden Schieberegler nach rechts schieben, wird die Darstellung der Übersichtskarte größer, nach links entsprechend kleiner. Interessanter ist aber der zweite Schieberegler, denn er bestimmt das Zoomverhältnis im Vergleich zur aktuellen Darstellung auf dem Satellitenbild. Standardmäßig steht dieses bei 1:unendlich, was zur Folge hat, dass eine Komplettansicht der Erde angezeigt wird. Verschieben Sie diesen Regler allerdings nach links, verändert sich dieses Zoomverhältnis, und zwar maximal bis zum Verhältnis 1:1, dann macht die Übersichtskarte natürlich keinen Sinn mehr. Wenn Sie allerdings in der normalen 3-D-Ansicht stark heranzoomen, hilft eine Einstellung der kleinen Übersichtskarte zwischen 1:1 und 1:unendlich, damit Sie nicht die Übersicht verlieren.

Mindestens genauso wichtig wie diese Übersichtskarte ist der einblendbare Maßstab. Er visualisiert, in welchem Verhältnis eine Darstellung verkleinert ist und wie viele Meter die weiß gekennzeichnete Strecke in Wirklichkeit darstellt.

Schließlich noch ein paar Worte zum letzten Anpassungsfeld, das mit *Atmosphäre* umschrieben ist. Hier stellen Sie ein, ob Sie die Atmosphäre, die die Erde umgibt, mit angezeigt haben wollen oder nicht. Folgende Gegenüberstellung der Darstellung zeigt den Unterschied:

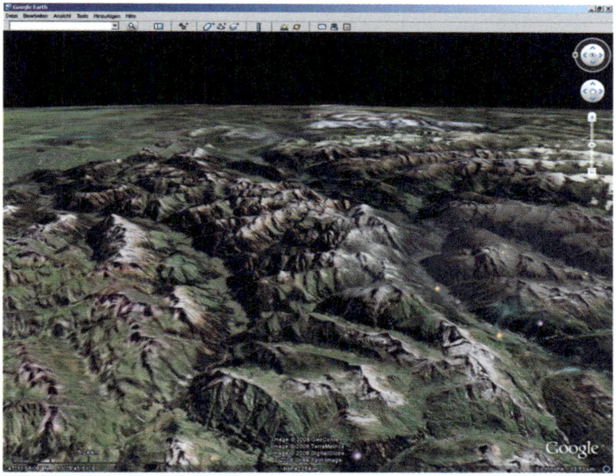

Quelle: Google Earth

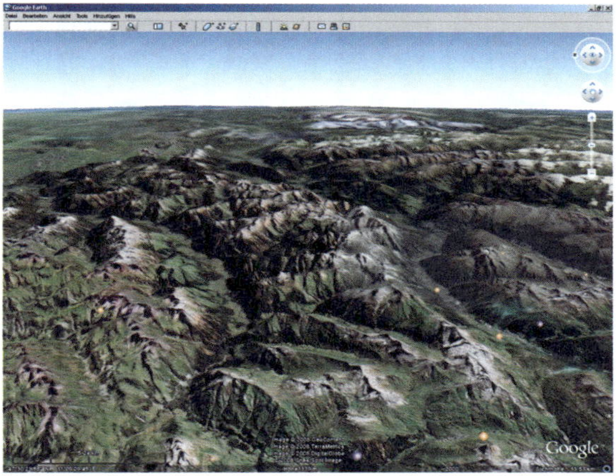

Quelle: Google Earth

Da diese Darstellung relativ viel Rechenpower beansprucht, ist es bei der Verwendung eines langsameren Systems sinnvoll, diese Option zu deaktivieren.

Noch mehr Infos: zusätzliche Ebenen einblenden

Google Earth kann Ihnen aber noch viel mehr anzeigen, was bisher jedoch nur am Rande angeklungen ist. Hierfür legt Google Earth einfach verschiedene Informationsebenen über das Satellitenbild, ähnlich wie man beispielsweise auf einem Tageslichtprojektor mehrere Folien übereinanderlegen kann.

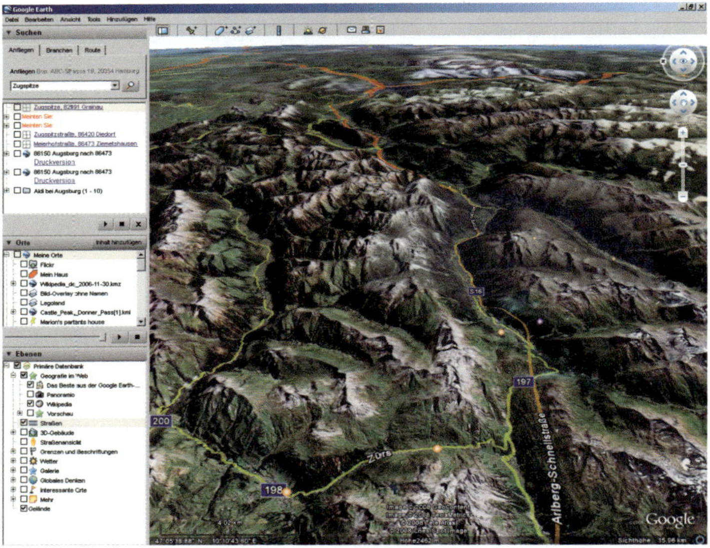

Quelle: Google Earth

Welche Informationen angezeigt werden sollen, können Sie selbst auswählen, wobei natürlich auch eine Kombination mehrerer Ebenen möglich ist.

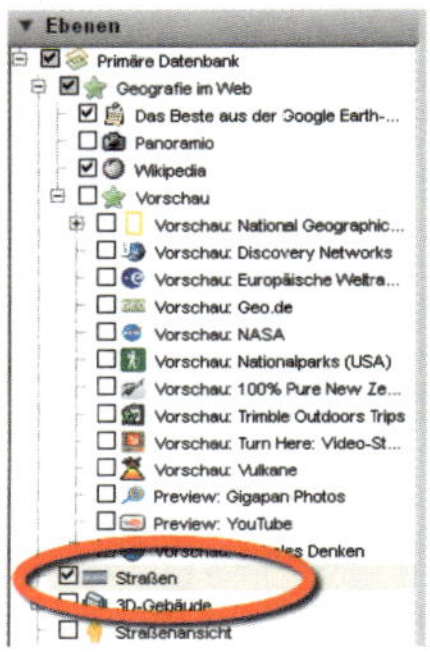

In diesem Fall wurden beispielsweise die Straßennamen mit eingeblendet. Es können aber auch einfach Städtenamen, Ländergrenzen oder andere Informationen wie Parks, Restaurants etc. eingeblendet werden.

Eine Liste der Informationen, die Google Earth hierbei zur Verfügung stellt, finden Sie im linken unteren Bereich des Bildschirms eingeblendet. Hier können Sie diejenigen auswählen, die für Sie von besonderem Interesse sind.

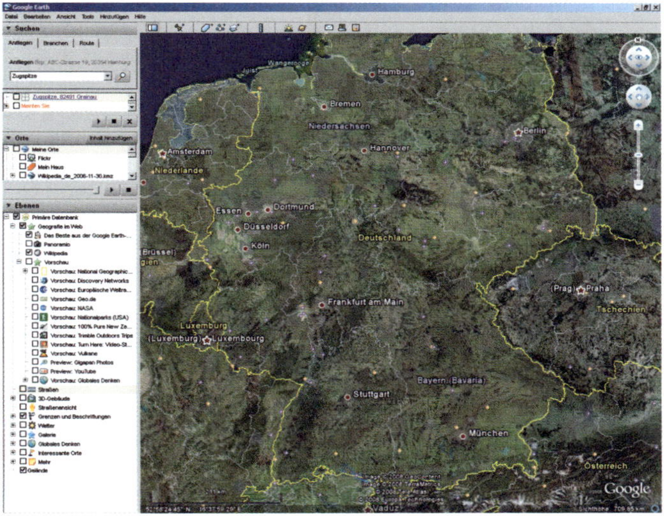

Quelle: Google Earth

Bei dieser Ansicht wurden die Grenzen mit eingeblendet, wobei in diesem Fall nicht nur die Staatsgrenzen, sondern auch die verschiedenen deutschen Bundesländer zu erkennen sind.

Gezielt Häkchen setzen

Manche Einträge in der Ebenendatenbank haben ein kleines Pluszeichen. Klicken Sie auf ein solches Pluszeichen, wird der entsprechende Ordner geöffnet und Sie können aus der Liste gezielt das auswählen, was Ihnen wichtig ist.

Setzen Sie per Mausklick ein Häkchen vor einen Eintrag mit einem Pluszeichen, werden alle darunterliegenden Einträge aktiviert.

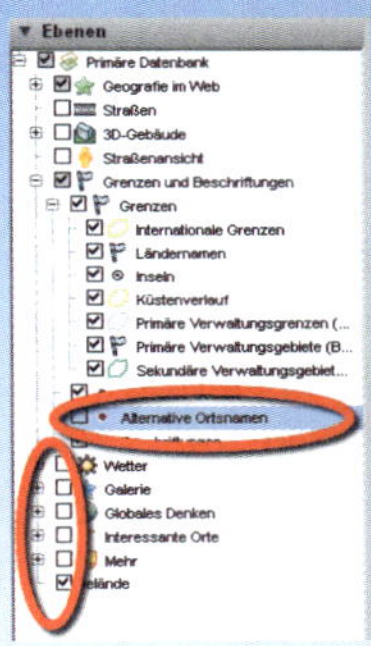

Viele Informationen werden in Form von kleinen Symbolen dargestellt. Aktivieren Sie beispielsweise die Ebene *Interessante Orte* können Sie sich im gewählten Kartenausschnitt z. B. verschiedenste Branchen wie Tankstellen, Apotheken und Banken (Geldautomaten) oder Golfplätze in Form von kleinen Symbolen anzeigen lassen. Klicken Sie auf ein solches Symbol, öffnet sich eine kleine Sprechblase, in der weitere Informationen zu dem betreffenden Eintrag wie Adresse und Telefonnummer angezeigt werden.

Die hier hinterlegten Informationen stammen aus der Datenbank von Google und sie werden auch von diesem Dienstleister erstellt und gepflegt. Sie selbst können hier keine neuen Einträge erstellen.

Lokaltermin am PC: Wohnungssuche Teil 2

Nehmen wir einmal an, Sie suchen (immer noch) eine Wohnung. Mithilfe der entsprechenden Ebenen könnten Sie sich beispielsweise in der Umgebung alle Geschäfte und Dienstleister anzeigen lassen und würden so sehen, wo Sie möglicherweise einkaufen oder Ihre Bankgeschäfte erledigen könnten. Leider ist die Datenbank bei diesen Informationen nicht immer vollständig. Für einen ersten Eindruck reicht es aber durchaus.

Abgesehen von diesen offiziellen Google-Ebenen gibt es noch weitere, sehr interessante Ebenen, wie z. B. die Google Earth-Community. Die dort veröffentlichten Einträge stammen alle von Benutzern der offiziellen Google Earth-Community (*http://bbs.keyhole.com*). Einträge, die hier gemacht werden, sind mit einem kleinen gelben Punkt gekennzeichnet. In aller Regel finden sich (englischsprachige) Zusatzerklärungen zu bestimmten Orten. Diese können beispielsweise auf ein außerordentliches Gebäude, einen Verein oder sogar auf eine Webcam, die hier aufgestellt wurde, hinweisen. Zudem steht in der sich öffnenden Sprechblase, welcher Benutzer diesen Eintrag online gestellt hat, und Sie können dann – sofern Sie als Nutzer bereits bei der Google Earth-Community registriert sind – zu diesem Thema Stellung nehmen. Oftmals ist sogar ein Foto zu dem betreffenden Objekt (z. B. Gebäude) mit in die Sprechblase integriert.

Google Earth integriert YouTube-Videos

Wenn Sie bei Googles Videoservice YouTube eine Videosequenz mit einer Geocodierung (also mit einer Zuordnung zu einem bestimmten geografischen Punkt in Form der entsprechenden Koordinaten, Geotag genannt) hochladen, bindet sich dieses Video automatisch mit richtigem Standort in Google Earth ein. Das gilt natürlich auch für alle anderen Nutzer, die geocodierte Videos hinterlegen. Der Vorteil: Videos sagen mehr aus, als Text oder Fotos. Mit Hilfe der YouTube Sequenzen können Sie also beispielsweise bei der Planung Ihrer Reise auf die Filmsequenzen von anderen Reisenden zurückgreifen, die Ihnen einen Eindruck von der Gegend oder vom Hotel geben. Die Funktion lässt sich über einen neu eingefügten Menüpunkt einschalten. Versehen Sie hierzu im Bereich *Galerie* den Eintrag *YouTube* mit einem Häkchen, um diesen zu aktivieren.

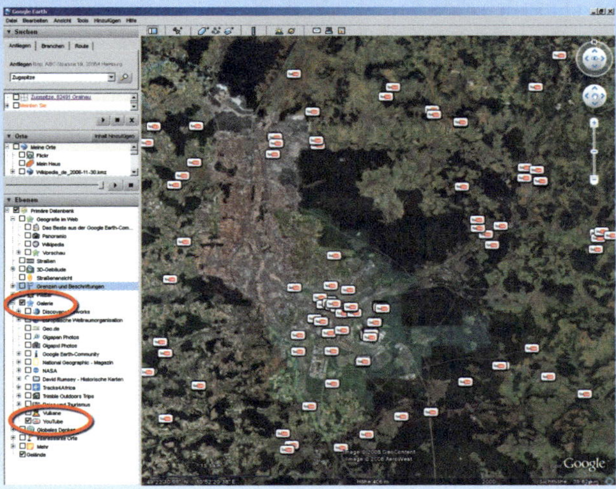

Quelle: Google Earth

Im Fall von Berlin wird dann beispielsweise eine Videosequenz rund um das Brandenburger Tor eingeblendet, und bei Hawaii vermittelt das Video von Surfern einen Einblick in das Geschehen vor Ort. Die Anzahl der eingeblendeten Videos steigt, je näher Sie an die Erde heranzoomen. Im Fall von Nürnberg sehen Sie sich beispielsweise einer fast schon unüberschaubaren Anzahl an YouTube-Sequenzen gegenüber.

3-D-Bilder optimal ausdrucken

Google Earth hat eine integrierte Druckfunktion, d. h., Sie können, wenn Sie etwas besonders Interessantes gefunden haben, dieses natürlich auch zu Papier bringen.

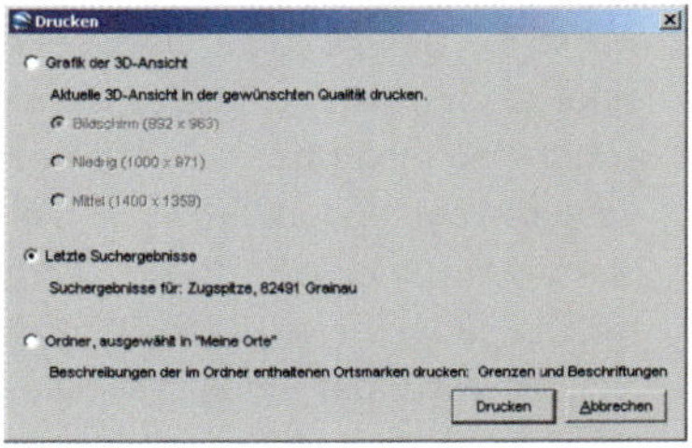

Klicken Sie hierzu im Menü *Datei* auf den Eintrag *Drucken.*

In dem sich öffnenden Fenster haben Sie nun mehrere Möglichkeiten: Wenn Sie ein normales Ansichtsfenster geöffnet haben, können Sie eine 3-D-Ansicht ausdrucken.

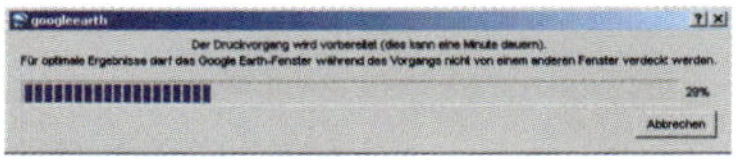

Haben Sie eine Route berechnen lassen, können Sie auch diese ausdrucken. Wenn Sie diese auswählen (und etwas warten, da die Aufbereitung der Druckdaten etwas dauern kann), bekommen Sie einen sehr umfangreichen Plan mit der zu fahrenden Strecke, wobei zu jeder Wegkreuzung eine Fahranweisung und ein Bild hinterlegt werden.

Auf die Schnelle: die besten Tipps & Tricks

- Die wohl interessanteste 3-D-Darstellung in Google Earth ist der Grand Canyon. Klicken Sie hier im Bereich *Orte* auf den Eintrag *Sightseeing*. Hier finden Sie unter *Colorado River View* den entsprechenden Eintrag.
- Beim Speichern von Bildern sollten Sie alle zusätzlich eingeblendeten Informationsebenen ausblenden, da diese oftmals wichtige Bildinformationen verdecken.
- Google Earth Fotos als Geschenke weiterverarbeiten: Die Bilddateien, die Sie mit Google Earth erstellen können, lassen sich natürlich auch weiterverarbeiten und verschenken. Interessant ist hier die Integration in Bildgeschenke, wie es zahlreiche Fotodienstleister anbieten, also beispielsweise eine mit dem Satellitenfoto bedruckte Tasse, ein bedrucktes Mauspad oder ein T-Shirt etc.

4. Sightseeing vom Feinsten: mit Google Earth auf Weltreise

Wie Sie verschiedene Orte finden, wurde im vorangegangenen Kapitel bereits ausführlich beschrieben, aber Google Earth kann noch viel mehr, wie z. B. dreidimensionale Gebäude einblenden, Ortsmarken verwalten und austauschen, Bilder, Luftaufnahmen oder Stadtpläne anzeigen oder Lexikoneinträge einbinden.

Egal ob Denver oder Frankfurt: Gebäude und Gelände in 3-D

Besonders eindrucksvoll ist es, wenn Google Earth Gebäude dreidimensional anzeigt. Dies ist beispielsweise bei vielen Städten in den USA der Fall. Mithilfe dieser Funktion können Sie sich ein sehr gutes Bild davon machen, wie es dort in Wirklichkeit aussieht.

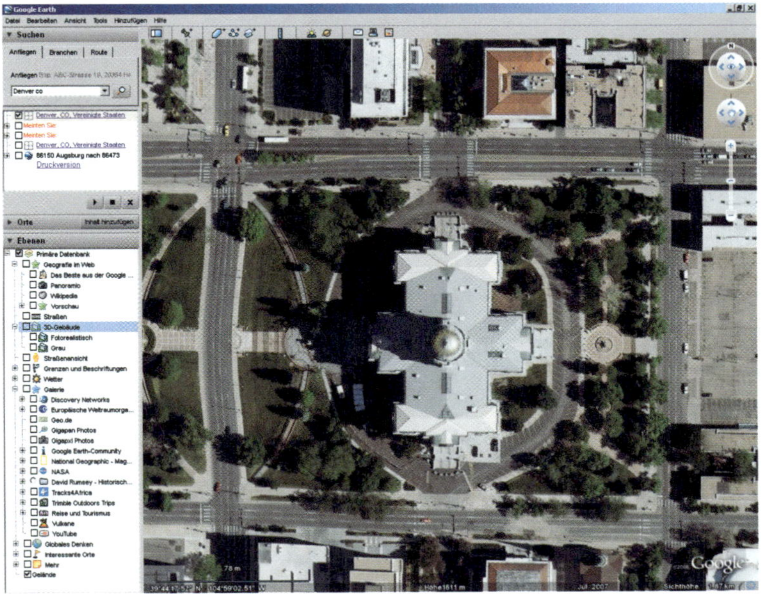

Quelle: Google Earth

Geben Sie in die Suchmaske *Denver Co* (Co steht als Abkürzung für den amerikanischen Bundesstaat Colorado) ein und bestätigen Sie diese Eingabe per Mausklick auf das Lupensymbol.

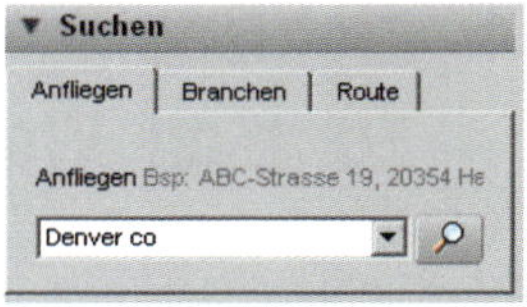

Google Earth fliegt Sie nun in diese Stadt auf der Ostseite der Rocky Mountains und zeigt Ihnen zentral das Colorado State Capitol an. So weit, so gut, doch nun wollen Sie die Gebäude in 3-D sehen.

Klicken Sie hierzu in den Bereich der *Ebenen* und suchen Sie dort den Eintrag *3D-Gebäude*. Versehen Sie den Eintrag mit einem Häkchen. Daraufhin ändert sich die Darstellung von Denver wie folgt:

Quelle: Google Earth

Viele Gebäude wurden dreidimensional hinterlegt. Dies sehen Sie dann besonders eindrucksvoll, wenn Sie mithilfe des Navigationsreglers die Ansicht neigen.

Dresden beeindruckt in 3-D

Im Juli 2007 veröffentlichte die Landeshauptstadt Dresden ein dreidimensionales Modell der sächsischen Metropole für Google Earth. Seit dem konnten Google Earth-Benutzer die Stadt Dresden virtuell am eigenen PC erleben.

Mitte Dezember 2007 wurden weitere Verbesserungen online unter *www.dresden.de/3d* veröffentlicht. So wurde z. B. die Anzahl detailreicher Architekturmodelle um 34 erweitert: Neben der Katholischen Hofkirche, dem Residenzschloss, Zwinger und Johanneum liegen nun auch die Frauenkirche, der Hotelkomplex Prager Straße, das Palais im Großen Garten, die drei Elbschlösser, das Wasserkraftwerk Saloppe, die Villen an der Bautzner Straße sowie Wohnhäuser am Käthe-Kollwitz-Ufer realitätsbezogen textuiert vor.

Quelle: Google Earth

Die 75 Gebäude bzw. Gebäudekomplexe der Ausbaustufe LOD3 (Level of Detail 3) weisen sich durch eine hochkomplexe und stadtbildbestimmende Gebäude- und Dachgeometrie aus, wobei zugehörige Fassaden mit Fotos versehen sind und dem Gebäude so einen hohen Wiedererkennungswert geben.

Als flächendeckenden Grundbestand enthält das aktualisierte Stadtmodell ca. 130 000 Gebäude der Ausbaustufe LOD1 (Level of Detail 1) – in der Fachsprache auch Klötzchenmodell genannt. Das Klötzchenmodell wird nach und nach zur Ausbaustufe LOD2 (Klötzchen mit einfachem Dach) ausgebaut.

Weiterhin neu ist die Integration von Luftbildern aus der aktuellen Frühjahrsbefliegung 2007 für das Gebiet des 26er-Rings. Sie können mit diesen aktuellen Luftbildern den in Google Earth standardmäßig vorhandenen Bildbestand aus den Jahren 2002/2003 überlagern.

Um Dresden im 3-D-Modus zu bewundern, klicken Sie unter *www.dresden.de/3d* auf den Link *Start der 3D-Anwendung mit Google Earth.* Damit erscheint im Bereich der temporären Orte der Eintrag *Dresden3D.* Hier können Sie nun die Bereiche auswählen, die Sie sich ansehen wollen. Bedenken Sie aber, dass aufgrund der Komplexität die Ladezeit hoch ist.

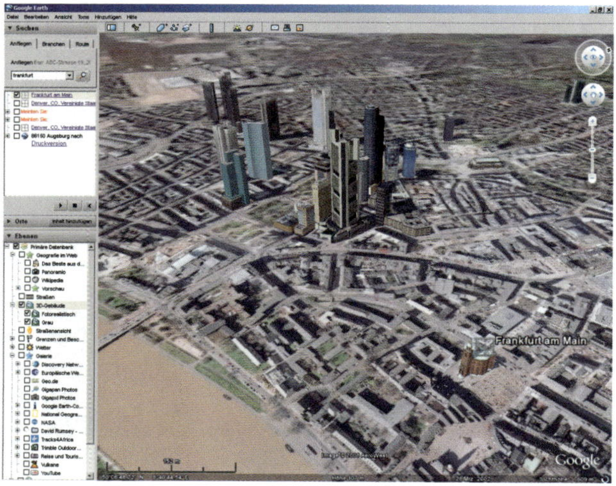

Blick auf Frankfurt mit 3-D-Gebäuden mit hinterlegten Texturen. Quelle: Google Earth

Diese dreidimensionale Darstellung gibt es auch bei Geländeformationen. Geben Sie hier als Beispiel in die Suchfunktion *Garden of the gods* ein. Hierbei handelt es sich um eine besonders bemerkenswerte Stein- und Geländeformation in den Rocky Mountains in der Nähe von Colorado Springs, die jedes Jahr viele Touristen anzieht.

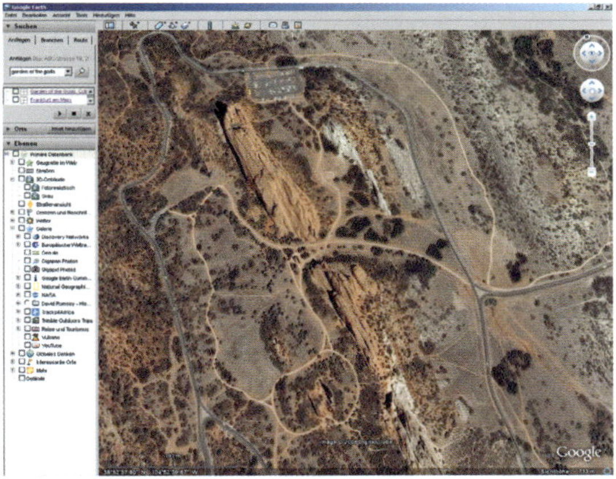

Quelle: Google Earth

Von oben betrachtet gibt die Szene allerdings nicht besonders viel her, und selbst wenn Sie die Geländeformation neigen, ist dies noch nicht besonders eindrucksvoll.

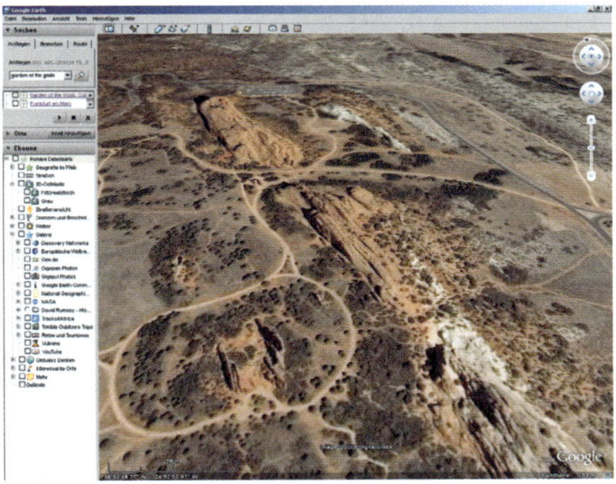

Quelle: Google Earth

Dies ändert sich dann, wenn Sie im Bereich der *Ebenen* den Eintrag *Gelände* aktivieren.

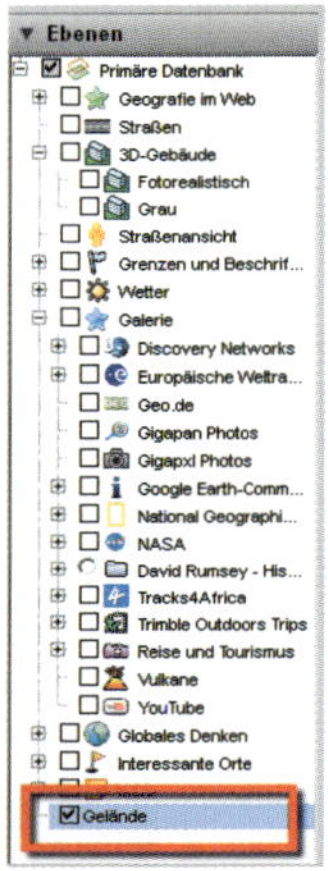

Dann sieht das Tal nämlich ganz anders und deutlich realistischer aus:

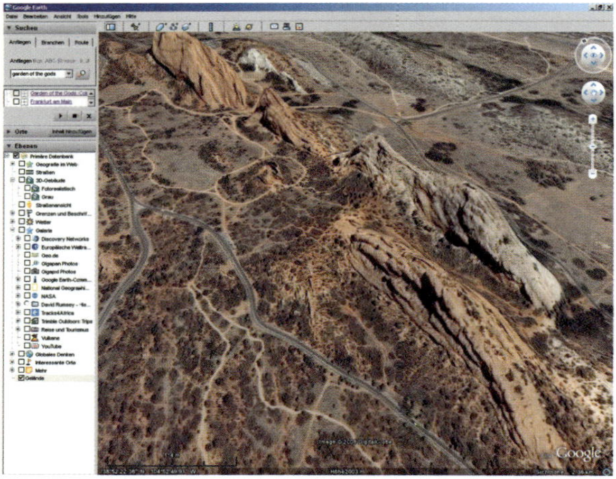

Quelle: Google Earth

Orte organisieren und schneller wiederfinden

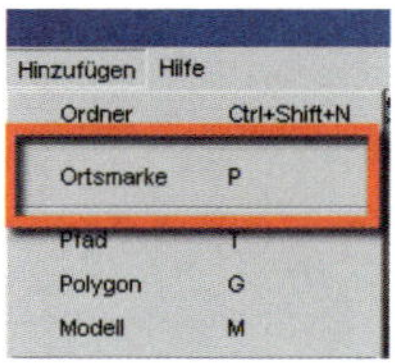

Wenn Sie in Google Earth arbeiten, werden Sie schnell Orte und Plätze finden, die Sie immer wieder einmal besuchen und beispielsweise jemandem zeigen möchten. Hierfür bietet das Programm spezielle Lesezeichen, die sich Ortsmarken nennen.

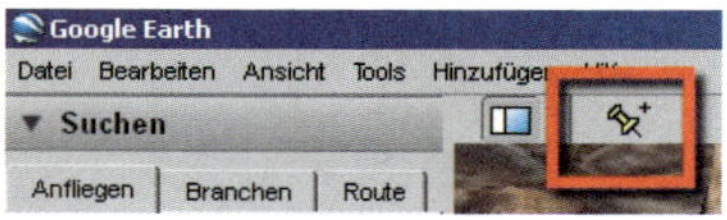

Um diese einzufügen, gibt es mehrere Möglichkeiten: Am schnellsten ist es, wenn Sie auf das Symbol mit dem Pin klicken. Die Ortsmarken lassen sich aber auch über die Tastenkombination [Strg]+[Umschalt]+[P] (diese Tasten gemeinsam drücken) bzw. über das Menü *Hinzufügen/Ortsmarke* anlegen.

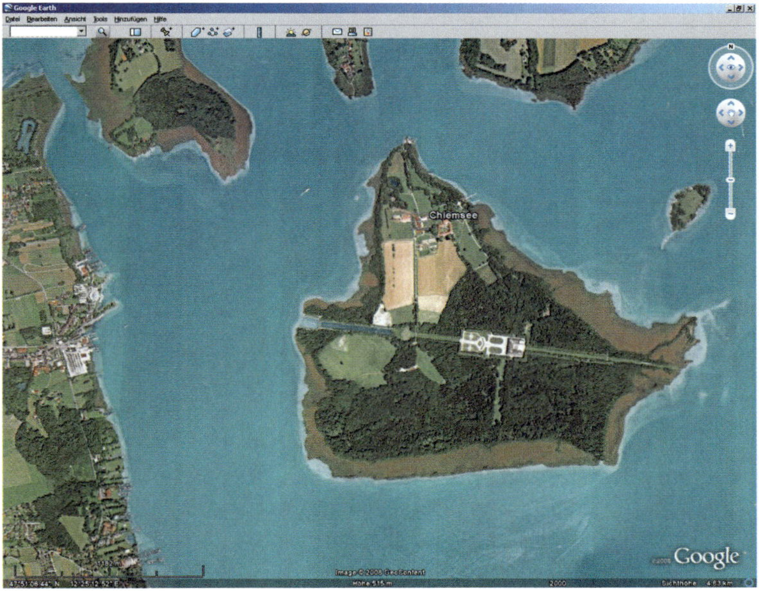

Quelle: Google Earth

Welche Möglichkeiten die Ortsmarken bieten, soll folgendes Beispiel verdeutlichen. Geben Sie hierfür das Suchwort *Chiemsee* ein. Um nun die Insel Herrenchiemsee und das gleichnamige Schloss von König Ludwig mit einer Ortsmarke zu versehen, klicken Sie wie oben beschrieben auf den gelben Pin unterhalb der Menüzeile. Es öffnet sich dann folgendes Dialogfenster:

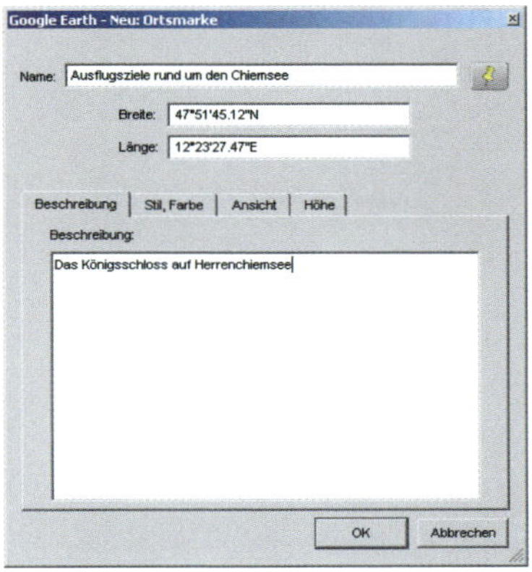

Hier geben Sie zunächst einmal der Ortsmarke einen aussagekräftigen Namen, z. B. *Ausflugsziel 1 rund um den Chiemsee*. Ergänzen können Sie dies mit einer individuellen Beschreibung der Sehenswürdigkeit oder des Ortes, zu dem Sie die Ortsmarke anlegen. Die Breiten- und Längenbestimmung der Ortsmarke übernimmt Google Earth automatisch, wobei Sie die Möglichkeit haben, mit der Maus die Ortsmarke auf dem Satellitenbild hin und her zu schieben, um diese genau zu positionieren.

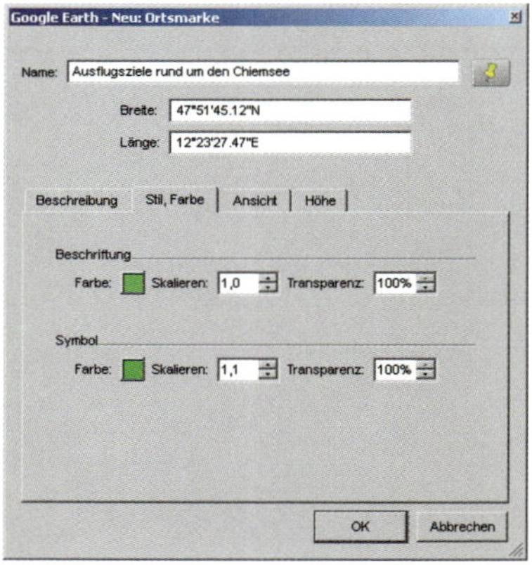

Unter dem zweiten Register, das mit *Stil, Farbe* überschrieben ist, können Sie die Ortsmarke anpassen. Das erleichtert die Übersicht.

Im dritten Register *Ansicht* sehen Sie dann Details zur aktuellen Ansicht, also die geografische Breite, gefolgt von der geografischen Höhe, der Sichthöhe sowie der Richtung (jeweils in Bezug auf die Nordausrichtung) und der Neigung der aktuellen Ansicht.

Diese Faktoren bestimmen sozusagen die Ansicht, in die die Ortsmarke eingebunden ist.

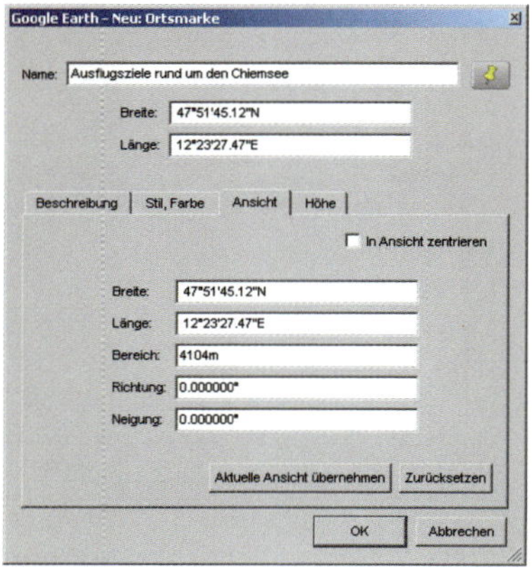

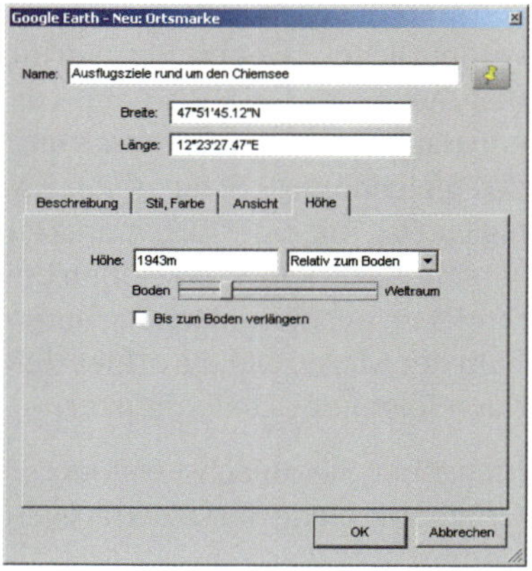

Das letzte Register schließlich erlaubt es Ihnen, einen numerischen Wert für die Höhe der Ortsmarke über dem Boden anzugeben. Alternativ können Sie hierfür auch den Schieberegler verwenden. Wenn Sie die Option *Bis zum Boden verlängern* aktivieren, wird eine Linie zwischen der Ortsmarke und dem Boden gezeichnet.

Nun können Sie abschließend noch ein Symbol bestimmen, indem Sie auf die Schaltfläche mit dem kleinen gelben Pin klicken.

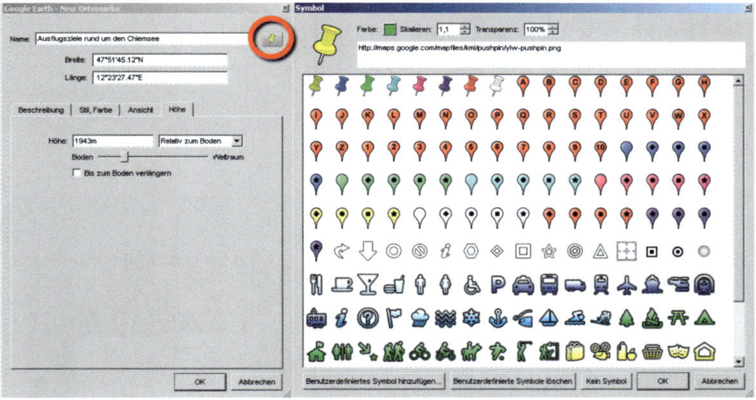

Damit ist die Ortsmarke mit allen Details angelegt und Sie finden diese Ortsmarken alle im Bereich *Orte* unter *Meine Orte* hinterlegt.

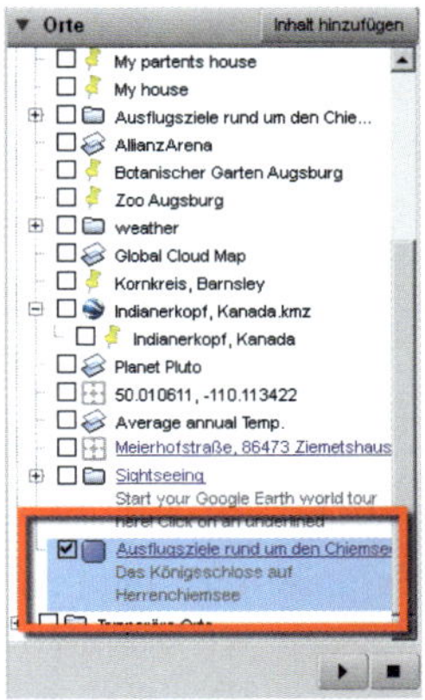

Richtig komfortabel wird es, wenn Sie die Ortsmarken in Ordnern organisieren. Dies ist vor allem dann zu empfehlen, wenn Sie sehr viele Ortsmarken hinterlegen. Einen Ordner können Sie beispielsweise über die Tastenkombination Strg+Umschalt+N bzw. über das Menü *Hinzufügen/Ordner* anlegen. Es geht auch, wenn Sie mit der rechten Maustaste irgendwo in den Bereich *Orte* klicken und aus dem sich öffnenden Kontextmenü *Hinzufügen/Ordner* auswählen.

Welchen Weg Sie auch wählen, Sie landen stets in dem abgebildeten Dialogfeld. Hier tippen Sie einen aussagekräftigen Namen für den Ordner ein (schließlich müssen Sie daran ja den Inhalt erkennen können) und bestätigen die Eingabe per Mausklick auf die Schaltfläche *OK*.

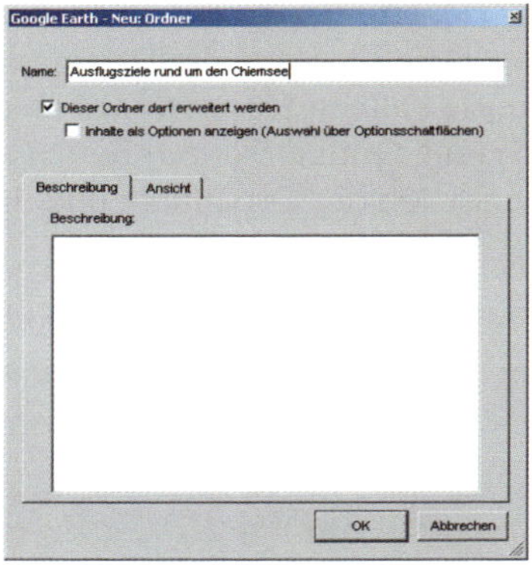

Der Ordner erscheint daraufhin im Bereich *Meine Orte*, und Sie können per Drag & Drop die vorher angelegten Ortsmarken in diesem Ordner zusammenfassen.

Ortsmarken weitergeben

Wenn Sie mit der rechten Maustaste eine Ortsmarke anklicken – und hierbei spielt es keine Rolle, ob dies in der Satellitenbildansicht oder im Ordner *Meine Orte* geschieht – können Sie aus dem sich öffnenden Menü *E-Mail* auswählen und so diese Ortsmarke an einen Freund oder Bekannten verschicken. Klicken Sie stattdessen auf *Weitergeben/Veröffentlichen*, wird Ihr Eintrag nach Rückfrage unter *http://bbs.keyhole.com* der Allgemeinheit zur Verfügung gestellt. Ein Assistent hilft hierbei.

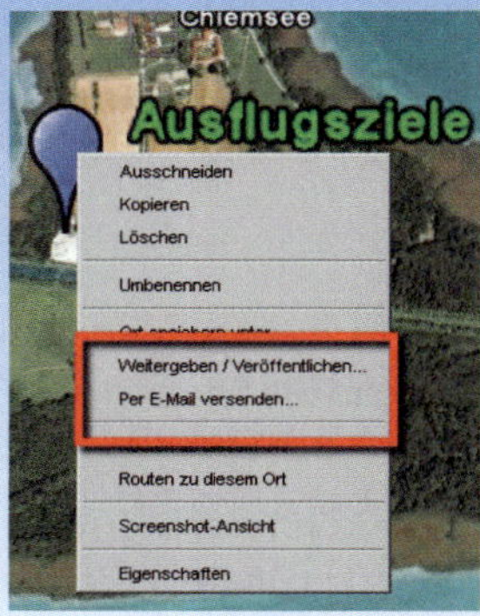

Externe Straßenkarten, Pläne und Grafiken einbinden: Bild-Overlays einfügen

Es ist bereits angeklungen, dass Google Earth die Möglichkeit bietet, Bilder oder Grafiken über die eigentlichen Satellitenaufnahmen zu legen. Dies nennt sich Bild-Overlay. Auf diese Art und Weise haben Sie die Möglichkeit, das Erscheinungsbild deutlich aufzubessern. Dies ist in vielen Fällen auch nötig, denn bei Weitem sind nicht von allen Regionen wirklich hochauflösende Aufnahmen hinterlegt.

Diese Methode eignet sich aber nicht nur dafür, bessere Luftaufnahmen einzubinden, sondern damit ist es beispielsweise auch möglich, Straßenkarten sowie andere Pläne oder Grafiken einzubinden. Wie das funktioniert, lesen Sie in der nachfolgenden Schritt-für-Schritt-Anleitung. Sie beschreibt, wie Sie mit Google Earth den Plan eines Freizeitparks, in diesem Fall Legoland Deutschland, über die Luftaufnahme von Google Earth legen.

1 Starten Sie Google Earth und geben Sie als Suchziel *Günzburg* ein. Google Earth selbst kann nämlich mit der Eingabe *Legoland* nichts anfangen.

2 Es öffnet sich das nachfolgende Fenster. Hier wurde die Lage von Legoland, etwas südlich der Autobahn A8 gekennzeichnet.

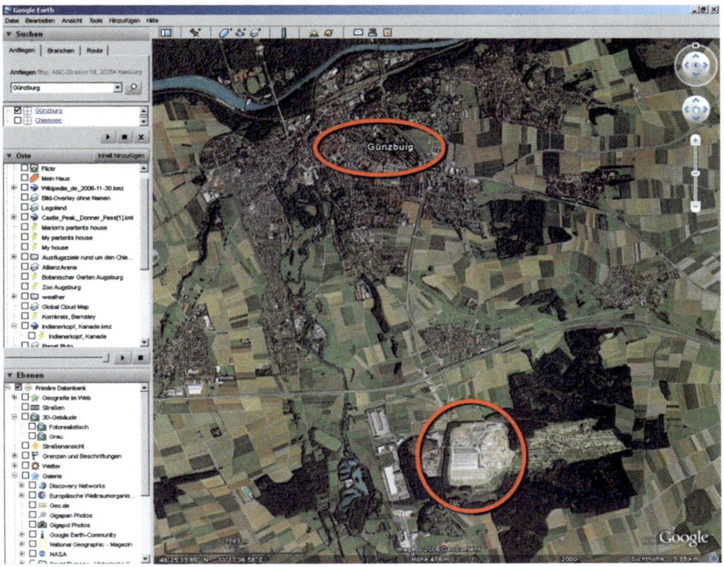

Quelle: Google Earth

3 Wenn Sie nun näher an den Park heranzoomen, werden Sie feststellen, dass die Luftdarstellung des Parks bereits relativ alt ist. Sie zeigt den Freizeitpark nämlich noch als Baustelle mit den verschiedenen Gruben und Befestigungen für die Fahrattraktionen und das, obwohl der Park bereits seit einigen Jahren in Betrieb ist. Es lohnt sich also, hier einen aktuelleren Eintrag darüberzulegen.

Quelle: Google Earth

4 Starten Sie nun Ihren Internetbrowser und besuchen Sie die Seite *www.legoland.de*. Hier finden Sie im Bereich *Parkübersicht* die Geländekarte. Klicken Sie nun mit der rechten Maustaste auf den angezeigten Geländeplan und wählen Sie innerhalb des angezeigten Kontextmenüs den Eintrag *Bild speichern unter*.

5 In dem sich öffnenden Dialogfenster können Sie angeben, wo und unter welchem Namen Sie diese Bilddatei abspeichern wollen. Achten Sie dabei darauf, dass Sie der Bilddatei einen aussagekräftigen Namen geben und diese in einem Ordner speichern, wo Sie das Bild schnell wiederfinden. Bestätigen Sie die Eingabe mit *Speichern*.

6 Nun geht es weiter in Google Earth. Achten Sie darauf, dass Sie hier immer noch den Freizeitpark in der Ansicht haben. Klicken Sie dann mit der rechten Maustaste in den Bereich *Meine Orte*. Aus dem sich öffnenden Kontextmenü wählen Sie *Hinzufügen/Bild-Overlay*.

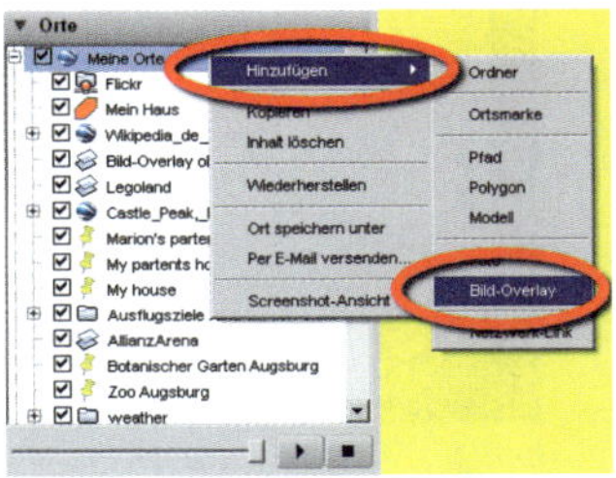

7 Nun öffnet sich folgendes Dialogfenster:

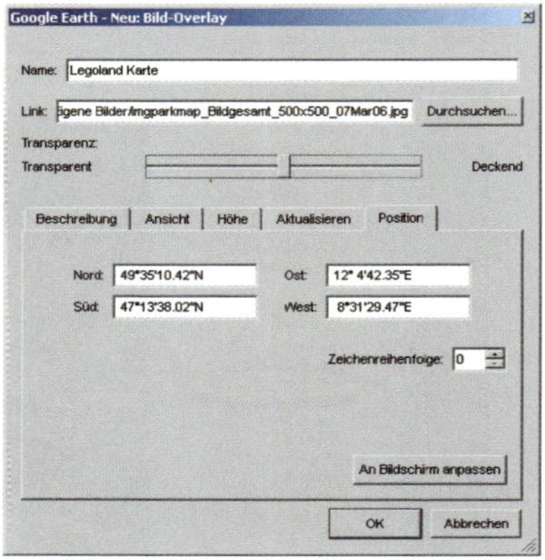

8 Geben Sie unter *Name* eine betreffende Bezeichnung für Ihr Overlay ein. Durch einen Klick auf die Schaltfläche *Durchsuchen* können Sie über das Verzeichnis die entsprechende Bilddatei auswählen. In diesem Fall ist das also die Karte von Legoland, die bereits entsprechend auf der Festplatte abgelegt wurde. Achten Sie darauf, dass der Schieberegler für die *Transparenz* sich ungefähr in der Mitte befindet. Klicken Sie jetzt noch nicht auf *OK*, denn Sie müssen erst noch die Größe und Position anpassen.

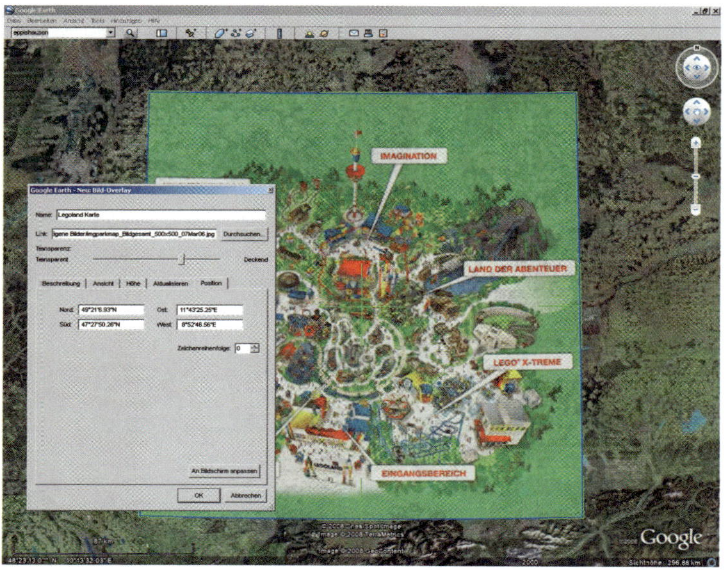

Quelle: Google Earth

9 Die Ausrichtung korrigieren Sie mit dem kleinen grünen Rechteck. Damit können Sie die Bilddatei im und gegen den Uhrzeigersinn drehen. Natürlich lässt sich auch die Größe anpassen, indem Sie die Bilddatei an den Ecken anklicken und dann mit der Maus die Bilddatei groß oder klein ziehen. Zudem kann die Bilddatei mit dem Kreuz in der Mitte hin und her geschoben werden.

Quelle: Google Earth

Overlays online

Neben diesem statischen Overlay, das Sie nun eingebunden haben, sind auch dynamische Overlays möglich. Hierbei binden Sie unter dem Eingabefeld *Link* die Internetadresse mit dem Verweis auf die entsprechende Bilddatei ein. Zudem können Sie für derartiges Material sogar eine Aktualisierungsrate festlegen.

10 Spielen Sie nun so lange mit den Anpassungen, bis die Karte möglichst deckungsgleich über dem Satellitenfoto liegt. Wenn Sie damit fertig sind, können Sie den Schieberegler für die Transparenz komplett in Richtung deckend verschieben.

Als Overlay eingefügter Stadtplan von Winchester, Virginia. Quelle: Google Earth

Overlays ganz individuell

Das Overlay, das Sie nun erstellt haben, ist natürlich nur für Sie und nicht für andere Google Earth-Anwender zu sehen. Sie können das Overlay, wenn Sie das dazugehörige Häkchen im Ordner *Meine Orte* abklicken, auch wieder ausblenden. Zudem lassen sich alle getätigten Einstellungen über *Eigenschaften* (die Ortsmarke per rechter Maustaste anklicken und *Eigenschaften* auswählen) jederzeit wieder ändern.

So wissen Sie mehr: Google Earth und Wikipedia gemeinsam nutzen

Doch nicht nur die Bildgenauigkeit, sondern auch der Informationsgehalt lässt sich anpassen und verbessern. Sie können Google Earth z. B. um zahlreiche Artikel der freien Enzyklopädie Wikipedia ergänzen. Hierfür wurden nämlich bereits viele Artikel georeferenziert, d. h. mit den entsprechenden Geokoordinaten versehen. Sie bekommen dann in Google Earth nicht nur die Einträge der entsprechenden Artikel angezeigt, sondern Sie können per Mausklick auch die passende Internetseite mit dem zugehörigen Wikipedia-Artikel aufrufen.

Starten Sie Ihren Internetbrowser und öffnen Sie die Webseite *www.polybos.de*. Geben Sie hier nun Ihr Suchwort ein. Die Anzahl der Treffer wird angezeigt. Wenn Sie diese per Mausklick aufrufen und die Schaltfläche *Öffnen* anklicken, werden die Treffer direkt in Google Earth übernommen.

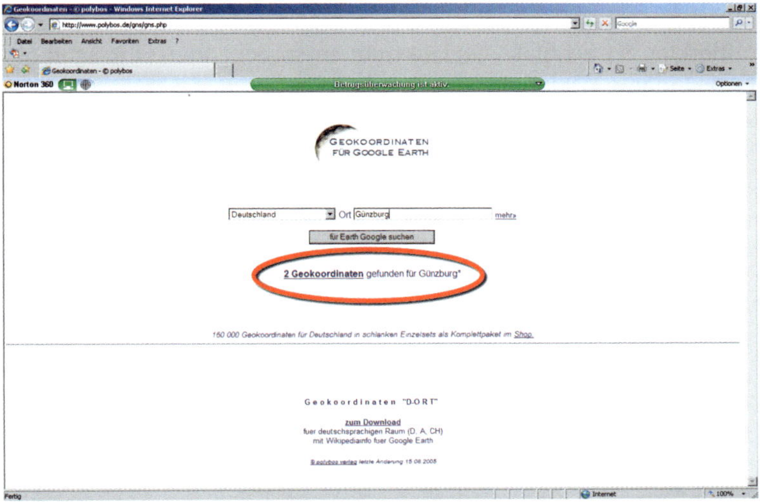

Sie erkennen diese Treffer an der roten Farbe der Ortsmarkierung. Zudem sind alle Orte der Suchanfrage im Bereich *Temporäre Orte* hinterlegt.

Quelle: Google Earth

Wenn Sie einen Eintrag auf der Satellitenbilddarstellung oder im Bereich der Seitenleiste bei den Orten anklicken, erscheint in der sich öffnenden Sprechblase ein Link zum entsprechenden Eintrag in der Enzyklopädie Wikipedia.

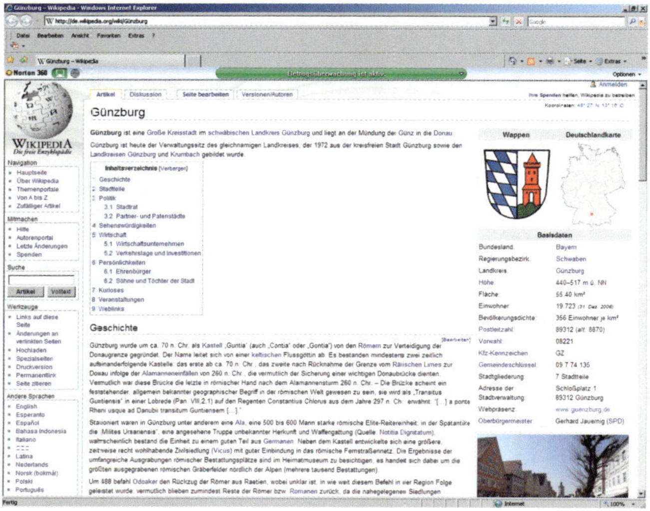

Klicken Sie auf diesen Link, wird Ihnen die jeweilige Seite in Ihrem Browser angezeigt, und Sie können den entsprechenden Artikel lesen.

Wenn Sie nicht jedes Mal im Webbrowser die entsprechenden Artikel suchen wollen, können Sie sich auch eine größere Koordinatendatei aus Wikipedia für Google Earth herunterladen und nutzen. Sie finden diese unter *www.webkuehn.de*. Wählen Sie dort den Bereich *Koordinatendatei* aus. Sie bekommen folgende Liste angezeigt:

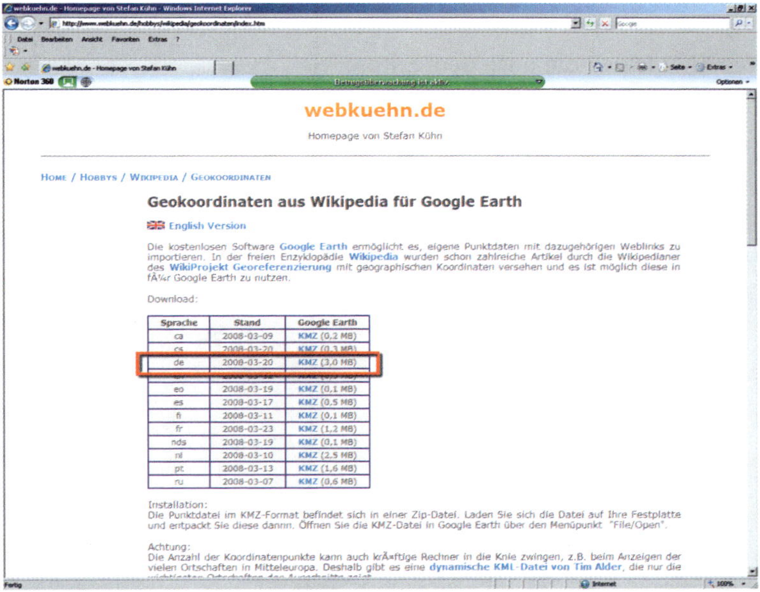

Klicken Sie hier die deutsche KMZ-Datei (diese verweist auf das deutsche Wikipedia-Projekt) mit der rechten Maustaste an und wählen Sie aus dem Kontextmenü den Eintrag *Ziel speichern unter* aus.

> **Wikipedia in verschiedensten Sprachen**
>
> Sie können natürlich auch, wenn Sie das wollen, die englischsprachige oder jede andere Datei aus der Liste auswählen. Die englische bietet übrigens die meisten Einträge.

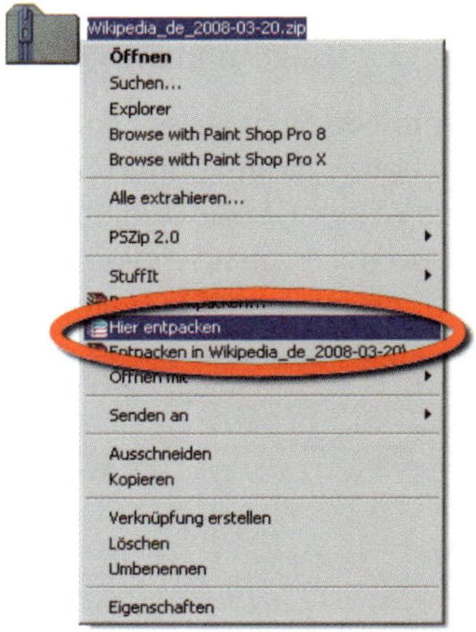

Laden Sie sich dann die Datei, die im gepackten ZIP-Format vorliegt, auf Ihren Rechner und entpacken Sie diese im Explorer, indem Sie die Datei per rechter Maustaste anklicken und den entsprechenden Befehl zum Entpacken (je nach installiertem Programm, z. B. *Dateien entpacken* oder auch *alle extrahieren*) auswählen.

Die KMZ-Datei, die nach dem Entpacken im entsprechenden Verzeichnis vorliegt, öffnen Sie mit einem simplen Doppelklick in Google Earth. Aber Achtung: Aufgrund der Dateigröße kann das Öffnen eine gewisse Zeit dauern.

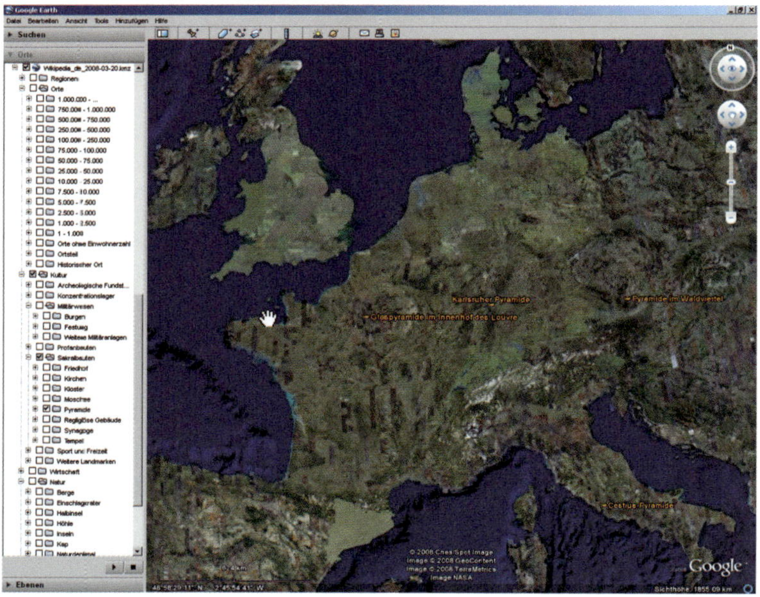

Quelle: Google Earth

In der Seitenleiste unter dem Register *Orte* finden Sie dann die entsprechenden Einträge. Wählen Sie hier ganz gezielt das aus, was Sie sehen wollen, sonst werden Sie von der Menge der angezeigten Ortsmarken erschlagen.

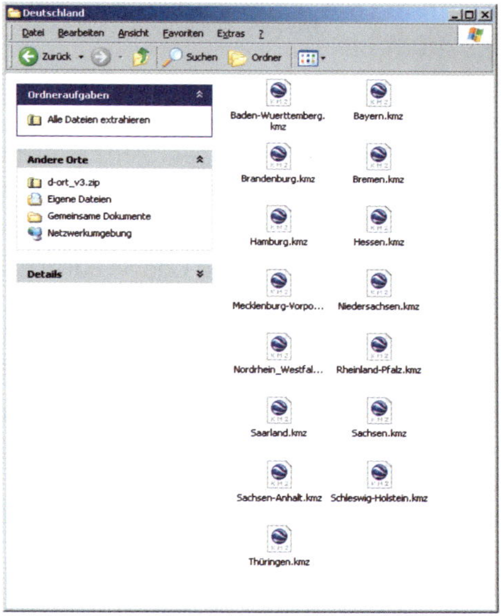

Noch mehr Orte für Deutschland

D-ORT (aktuell in der Version 3.0) nennt sich eine freie reine Ortsdatenbank für Google Earth. Über 20.000 alphabetisch gelistete Ortsdaten im deutschsprachigen Raum aus frei zugänglichen Datenbanken (überwiegend aus OpenGeoDB) sind hier gelistet. Zusätzlich sind die Ortsnamen mit den entsprechenden Wikipedia-Einträgen verknüpft. Sie finden die Datenbank unter *www.polybos.de*. Klicken Sie dort *auf Geokoordinaten D-ORT* und laden Sie die hinterlegte ZIP-Datei herunter. Diese müssen Sie dann, wie bereits bei der Wikipedia-Datei geschildert, entpacken, wobei hier zahlreiche Einzeldateien im KMZ-Format hinterlegt sind. So können Sie beispielsweise ganz gezielt ein deutsches Bundesland auswählen, das für Sie von Interesse ist. Per Doppelklick auf die entsprechend gekennzeichnete KMZ-Datei öffnen Sie diese in Google Earth und können sich dann die dort hinterlegten Ortseinträge genauer ansehen.

So finden Sie das passende Hotel und ausgewählte Restaurants

Wenn Sie in den Urlaub fahren, wollen Sie sicherlich wissen, wo in der Nähe Hotels, Restaurants und Kneipen sind. Google Earth unterstützt Sie hierbei. Es geht ganz einfach: Starten Sie Google Earth und suchen Sie sich im Bereich der *Ebenen* unter *Interessante Orte* die Unterordner für *Restaurants* und für *Unterkunft*.

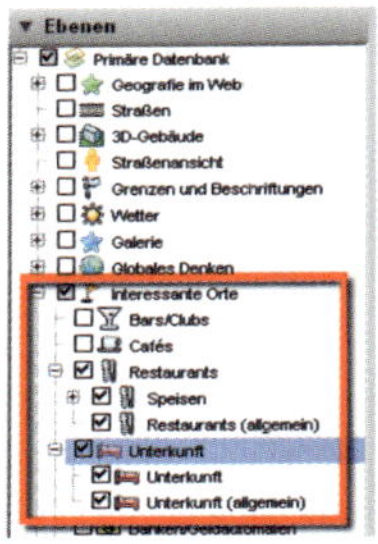

Beachten Sie hierbei, dass Google Earth eine Unterscheidung trifft zwischen klassischen Restaurants, Cafés sowie Bars und Klubs. Je nachdem, was für Sie davon interessant ist, wählen Sie gezielt aus.

Bei den Hotels unterscheidet Google Earth nicht: Hier wird, wenn Sie diesen Eintrag per Mausklick auswählen, praktisch alles angezeigt – von der günstigen Herberge im Schullandheim bis zum teuren Sterne-Hotel.

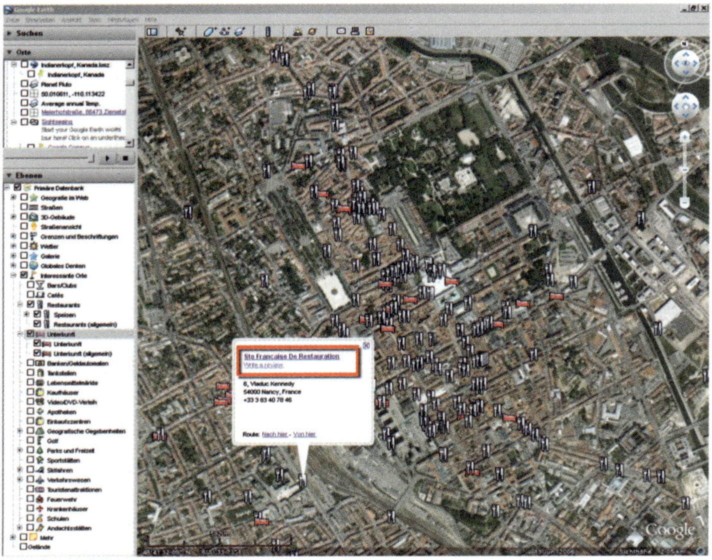

Quelle: Google Earth

Anhand der eingeblendeten Symbole können Sie erkennen, welcher Kategorie der entsprechende Eintrag zugeordnet ist. Klicken Sie einen Eintrag in der Ansicht an, öffnet sich eine Sprechblase. Hier finden Sie unter anderem die Adresse hinterlegt. Klicken Sie auf den blau hinterlegten Link, öffnet sich in Google Maps die entsprechende Internetseite. Hier können Sie dann beispielsweise eine Route planen oder sich auch einfach nur genau umsehen.

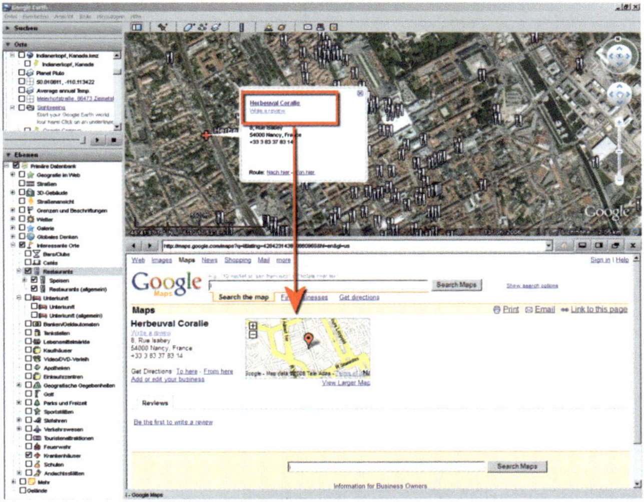

Quelle: Google Earth

Krankenhaus, Feuerwehr und was sonst wichtig ist

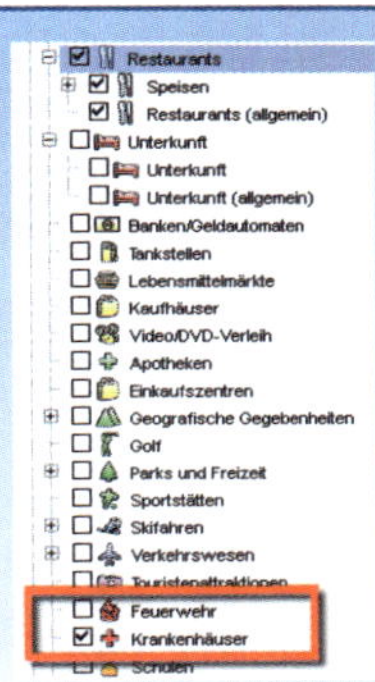

Auf die gleiche Art und Weise, wie Sie sich die Gaststätten und Übernachtungsmöglichkeiten anzeigen lassen, können Sie auch viele andere Dinge, wie *Krankenhäuser*, *Schulen*, *Apotheken* oder die *Feuerwehr* einblenden lassen. Sie finden diese Einträge ebenfalls in der Ebenen-Liste, und zwar im Bereich *Interessante Orte*.

Orte als KMZ-Datei speichern und weitergeben

Klicken Sie mit der rechten Maustaste eine Ortsmarke an – egal, ob dies in der Satellitenbildansicht oder im Ordner *Meine Orte* geschieht – und wählen Sie in dem sich öffnenden Kontextmenü den Eintrag *Speichern unter*. Google Earth erstellt nun eine KMZ-Datei, die Sie in einem beliebigen Ordner auf der Festplatte hinterlegen oder beispielsweise auch an jemanden per E-Mail verschicken können.

Noch mehr Infos gefällig: Wettervorhersage, Verkehrsmeldungen & Co.

Wenn Sie wissen wollen, wie das Wetter gerade in einer bestimmten Region ist oder wie die aktuelle Verkehrslage aussieht, können Sie sich das alles in Google Earth mit den entsprechenden Layern einblenden lassen.

Öffnen Sie hierzu in Ihrem Browser die Internetseite *www.googleerde.de* und geben Sie z. B. als Suchwort *Wetter* ein.

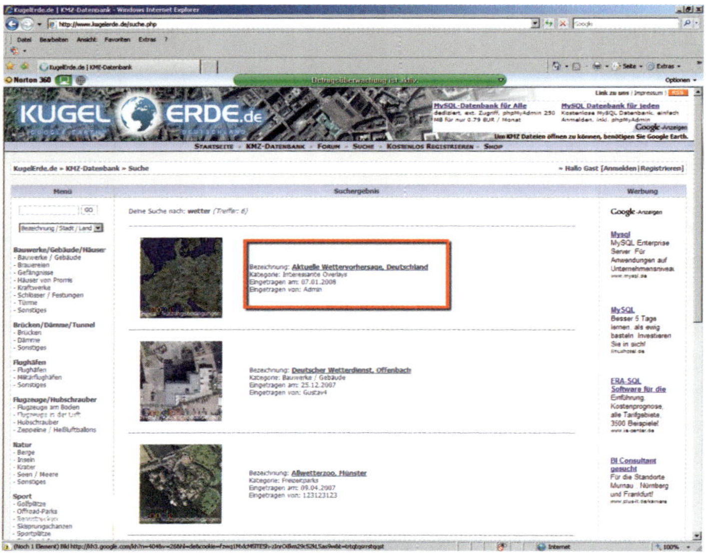

Es wird eine Liste mit verschiedenen Treffern eingeblendet. Wählen Sie hier den Eintrag *Aktuelle Wettervorhersage Deutschland* und klicken Sie darauf.

Es öffnet sich ein neues Fenster, aus dem Sie die entsprechende KMZ-Datei herunterladen können. Diese wird im Ordner *temporäre Orte* hinterlegt, und Sie sehen eine aktuelle Wettervorhersage für Deutschland und die angrenzenden Regionen:

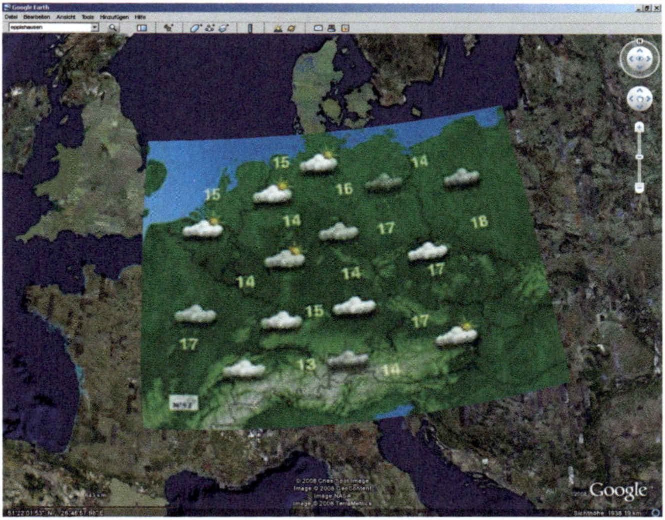

Quelle: Google Earth

Noch mehr vom Wetter ...

Unter *www.googleerde.de* finden Sie noch viel mehr über das Wetter, wie z. B. ein aktuelles Regenradarbild (Suchwort *Regenradar*) oder einen Layer mit der aktuellen Weltwetterlage, der die Verteilung der Wolken (Suchwort *Wetter*) anzeigt. Die Wettervorhersage gibt es übrigens auch für andere Länder, wie z. B. für Österreich. Wenn Sie direkt *www.googleerde.de/blitzradar* eingeben, finden Sie eine KMZ-Datei, die, wenn Sie diese heruntergeladen und in Google Earth geöffnet haben, die Blitzeinschläge der letzten 24 Stunden in Deutschland im Überblick anzeigt.

Sie sind an aktuellen Verkehrsinfos interessiert? Dann tippen Sie als Suchwort doch einfach einmal Verkehrslage bei *www.googleerde.de* ein. Eine Liste mit zahlreichen Einträgen öffnet sich. Suchen Sie sich hier die passende Gegend aus, laden Sie die entsprechende KMZ-Datei und öffnen Sie diese in Google Earth. Anhand der Farben können Sie dann die aktuelle Verkehrsdichte der jeweiligen Straßen erkennen.

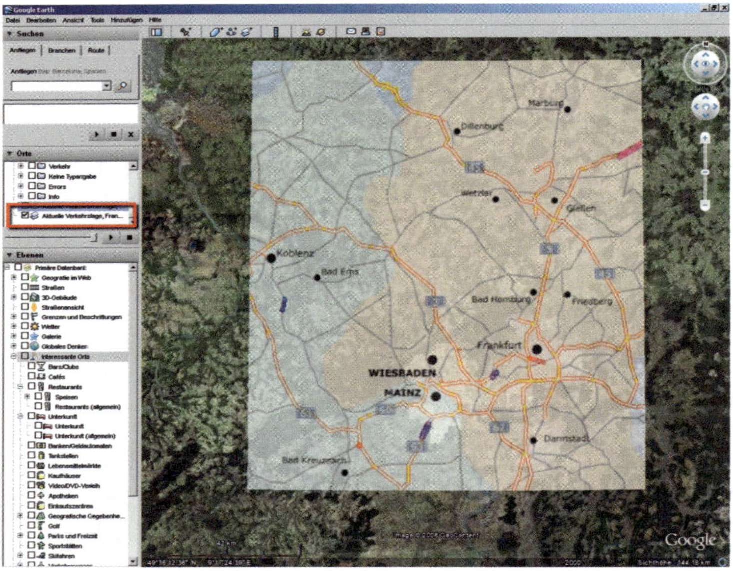

Quelle: Google Earth

Fest installierte Radarfallen

Die Verkehrslage ist die eine Geschichte, es ist aber auch durchaus hilfreich zu wissen, wo es fest installierte Radarfallen gibt. Genau darauf hat sich der Anbieter, der hinter der Webseite *www.scdb.info* steht, spezialisiert. Angeboten werden eine ganze Reihe von verschiedenen Plugins, unter anderem für diverse Navigationsgeräte, aber eben auch ein kostenloses für Google Earth. Um dieses herunterzuladen, müssen Sie sich registrieren. Suchen Sie dann im Bereich *Plugins* unter *PC/Laptop-Navigationssoftware* nach der Datei für Google Earth.

ÖAMTC meets Google Earth

Der Österreichische Automobil-, Motorrad- und Touring Club setzt auf Google Earth: Mit einer vom Verkehrsclub zur Verfügung gestellten Datei werden alle aktuellen Baustellen und Stauwarnungen unmittelbar in Google Earth angezeigt. Die Aktualisierung erfolgt im Minutentakt.

Auf die Schnelle: die besten Tipps & Tricks

- Google Earth Nutzer mit Flickr-Plug-in: Die freie Bilddatenbank Flickr erlaubt es jedem, seine Bilder im Internet zu veröffentlichen und mit den passenden Koordinaten in Google Earth zu verknüpfen. Klicken Sie auf die entsprechenden Vorschaubilder (Thumbnails) in Google Earth, öffnet sich die entsprechende Seite in Flickr und zeigt das passende Bild an. Damit diese Bilder angezeigt werden, müssen Sie Google Earth entsprechend einrichten. Wie dies genau funktioniert, lesen Sie unter *http://www.flickr.com/groups/geotagging/discuss/61558/*.
- Wenn Sie in englischen Foren und Communities nach deutschen Einträgen suchen, nutzen Sie auch die Suchwörter *german*, *germany* bzw. *deutsch* und *Deutschland*.
- Ein Panorama, so heißen Rundum-Ansichten, die aus mehreren Fotos zusammengestellt wurden und so einen sehr realistischen Eindruck von dem vermitteln, wie es dort vor Ort aussieht, können Sie im Bereich der *Layer* unter *Google Earth-Community* im *Community-Schaufenster* bei *Weltweite Panoramas* aktivieren.

5. Google Earth kurios: interessante Bauwerke und spannende Orte entdecken

Google Earth bietet alles, was Sie brauchen, um auf virtuelle Weltreise zu gehen, und Sie werden erstaunt sein, was Sie dabei alles entdecken können. Lassen Sie sich einfach von den folgenden Seiten inspirieren.

Hier sind die Stars und Sternchen zu Hause

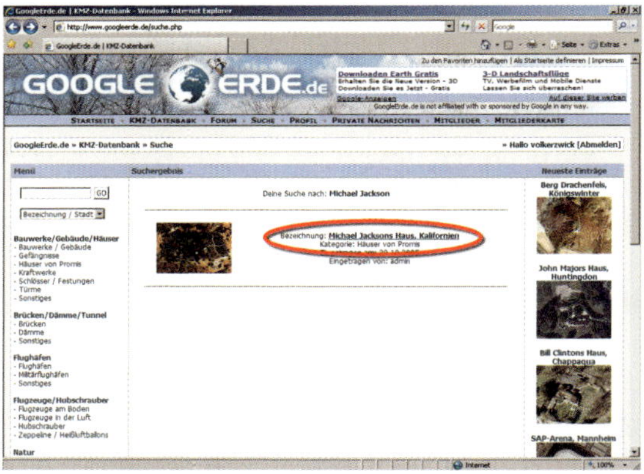

Wollten Sie schon immer mal wissen, wie und wo John Travolta wohnt, wie Michael Jacksons Heim aussieht oder welches Häuschen denn nun David Beckham gehört? Mit diesem Anliegen sind Sie nicht allein, denn viele Freunde von Google Earth haben die Villen und Residenzen der Prominenten bereits ausgekundschaftet. Um mal zu sehen, was im Einzelnen hier zu finden ist, öffnen Sie in Ihrem Browser die Seite *www.googleerde.de*.

Google Earth für Hobby-Archäologen

Im September 2005 berichtete die italienische Zeitung La Repubblica von einer Entdeckung einer alten antiken Villa mithilfe von Google Earth. Der Italiener Luca Mori hatte demnach die Gegend rund um seine Heimatstadt Parma virtuell an seinem Rechner erkundet und war dabei auf eine auffällige Geländeformation (44 52'52.01 N, 10 25'25.62 E) gestoßen. Die daraufhin informierten Archäologen eines Museums in Parma gingen diesem Hinweis nach und entdeckten durch Grabungen tatsächlich die antike Villa. Es lohnt sich also durchaus zu stöbern, denn es gibt wirklich viel zu finden.

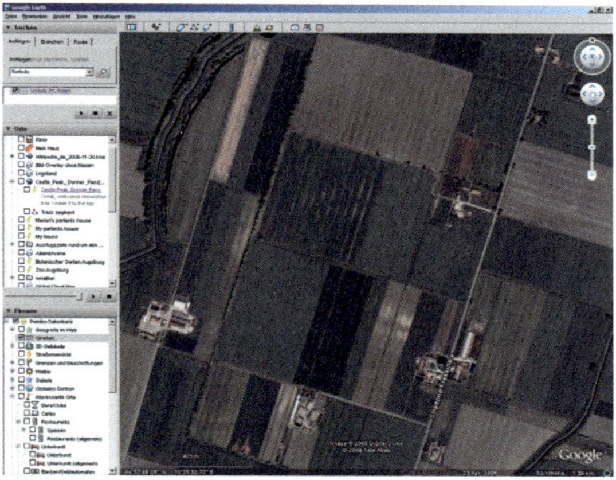

Dies ist das Luftbild mit der antiken römischen Villa in der Nähe von Parma. Die hellen Kreise deuten auf das antike Bauwerk hin. Quelle: Google Earth

Wie beispielsweise eine besonders auffällige Gebirgsformation in Kanada, die aussieht wie ein Indianerkopf mit einem Kopfhörer im Ohr. Sie finden dieses Bild unter *www.googleerde.de*. Geben Sie als Suchwort *Indianerkopf* ein und laden Sie sich dann die entsprechende KMZ-Datei herunter. Kaum zu glauben, dass es sich hier um eine natürliche Geländeformation handelt.

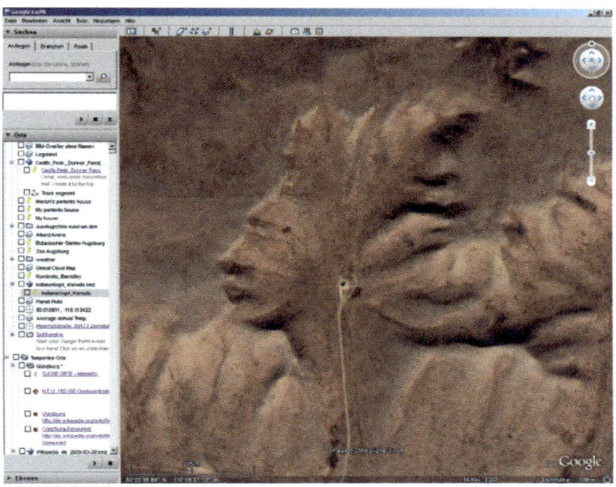

Quelle: Google Earth

Zensur bei Google Earth

Nicht immer sind die Darstellungen so detailliert. Ganz im Gegenteil: Manchmal werden sie absichtlich verschlechtert oder bestimmte Gegenden ganz unkenntlich gemacht. Hierbei handelt es in vielen Fällen um ganz bewusst zensierte Flächen, wie z. B. militärische Gebiete oder Kernkraftwerke. Beispiel: Das Naval Observatorium in der Nähe von Washington D.C. ist bei Google Earth nicht zu sehen. Zu finden ist die passende Ansicht in der Nähe von Washington. Schneller geht es, wenn Sie die entsprechende KMZ-Datei bei *http://www.googleerde.de* herunterladen. Sie finden diese im Bereich *Diverses/Seltsame Dinge*.

Quelle: Google Earth

Es gibt zahlreiche Länder, die sich an der Zensur beteiligen, wie z. B. die USA, Kanada, Niederlande und Japan. Zudem kritisieren auch viele Regierungschefs aus anderen Ländern – vor dem Hintergrund der dadurch gestiegenen Terrorgefahr – die Freizügigkeit von Google Earth.

Werben in aller Welt

Sie wohnen in der Nähe eines Gebäudes oder einer Sehenswürdigkeit, die von Tausenden von Google Earth-Nutzern pro Tag vom Weltall aus besucht wird? Dann sollten Sie sich überlegen, ob Sie Ihr Dach nicht vermieten und Werbung darauf anbringen lassen. Noch besser ist es, wenn Sie eine große Freifläche, also beispielsweise ein Feld, in der Nähe besitzen. Hier können Sie dann wirklich großflächig Werbung anbringen lassen. Beim nächsten Update der Bilddaten erscheint dann bei allen Google Earth-Nutzern, die diese Stelle besuchen, das Bild mit der Werbung.

Geheime Orte erkunden

Um die Area 51, gelegen im südlichen Nevada (USA), ranken sich viele Gerüchte, die sogar so weit reichen, dass hier angeblich ein Raumschiff von Außerirdischen aufbewahrt wird. Die Anlage befindet sich innerhalb des Luftwaffenübungsgeländes Nellis, und man kann sie mit Google Earth von oben recht gut erkunden.

Außerirdische oder gar ein Raumschiff gibt es aber auch hier nicht zu entdecken – zumindest nicht in den Aufnahmen, die bei Google Earth zu finden sind. Die passende KMZ-Datei gibt es übrigens unter *www.googleerde.de* mit dem Suchwort *Area 51*.

Großes Interesse finden auch die Kornkreise bei den Benutzern von Google Earth. Hierbei handelt es sich um geometrische Formen in einem Getreidefeld oder einer Wiese, die dadurch entstanden sind, dass die Halme oder Gräser in regelmäßiger Weise umgeknickt, gebogen oder abgemäht wurden. Die geometrischen Formen, die dabei entstanden, sind in aller Regel nur aus größerer Höhe zu erkennen.

Quelle: Google Earth

Quelle: Google Earth

Über die Entstehung dieser Kornkreise existieren unterschiedliche Theorien. Skeptiker und Kritiker sehen darin das Werk von Menschen – und in einigen Fällen (siehe Bild) ist es das mit Sicherheit auch – andere meinen, es könnte das Werk von Außerirdischen sein.

Übrigens wurde der bisher größte Kornkreis im August 2001 in einem Weizenfeld am Milk Hill in Südengland gefunden. Er bestand aus 409 Teilkreisen und hatte insgesamt einen Durchmesser von 240 Meter. Das Muster wirkte am Boden völlig chaotisch. Erst wenn man es aus der Luft betrachtete, zeigte sich die geometrische Figur einer sechsstrahligen Wirbelform. Dies ähnelte einer geschlossenen Kamerablende.

Sie finden die verschiedenen Kornkreise übrigens unter *www.googleerde.de* in der KMZ-Datenbank im Bereich *Diverses* unter dem Eintrag *Kornkreise*.

Google Earth und das Thema „Bildqualität": Wo gibt's was in besonderer Qualität

Schnell werden Sie, wenn Sie mit Google Earth arbeiten, feststellen, dass die Qualität der Aufnahmen zum Teil drastisch variiert. Die tollen Entdeckungen finden sich aber fast nur in den Bereichen, für die hochauflösende Bilddaten zur Verfügung stehen. Dies bedeutet umgekehrt: Es lohnt sich zu wissen, welche Teilbereiche der Erde bereits in hoher Qualität eingearbeitet wurden und welche nicht. Diese Information finden Sie online unter *http://earth.google.com/data.html*.

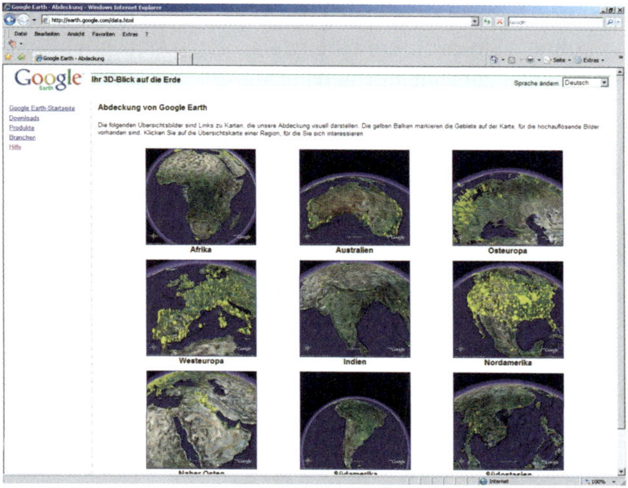

Quelle: Google Earth

Die mit den gelben Säulen unterlegten Regionen sind bereits in hochauflösender Form, d. h. mit einer Auflösung von rund einem Meter pro Pixel, im System hinterlegt. Alle Daten von Google Earth stammen übrigens von Satelliten- oder Flugzeugaufnahmen, die in den letzten drei Jahren gemacht wurden.

Klicken Sie einfach auf den Erdteil, der Sie interessiert, und Sie bekommen eine noch detailliertere Übersicht angezeigt, wie exemplarisch hier anhand des Bildes für den Bereich von Nordamerika zu sehen ist.

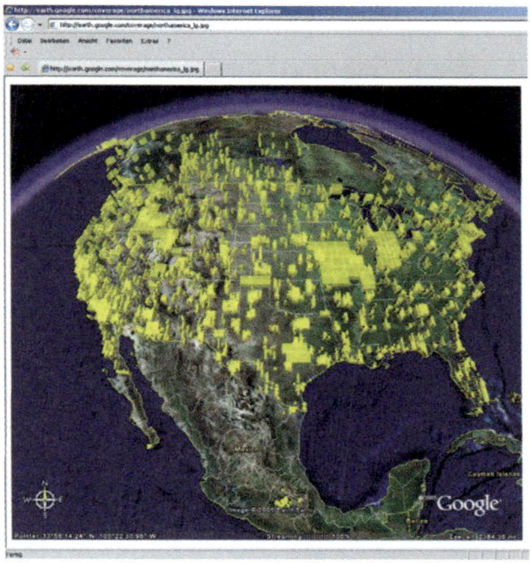

Quelle: Google Earth

Die höchste Bildauflösung erreicht das Programm – wen wundert es – bei der Darstellung des Hauptquartiers von Google, dem sogenannten Google Campus.

Hier liegt die Auflösung bei einem Inch pro Pixel. Bei Bildern in dieser Auflösung können Sie problemlos einzelne Personen erkennen. Sie finden den Google Campus übrigens standardmäßig hinterlegt, und zwar im Bereich *Orte* unter dem Stichwort *Sightseeing*.

Blick auf das Café auf dem Google Campus. Die Auflösung ist beeindruckend. Quelle: Google Earth

Auf die Schnelle: die besten Tipps & Tricks

- Unter *www.googleerde.de* finden Sie zahlreiche interessante, skurrile, eindrucksvolle und geheimnisvolle Orte und Gebäude.
- Wenn Sie nicht genau wissen, was Sie suchen, stöbern Sie bei *www.googleerde.de* doch einfach einmal in der umfangreichen Datenbank, die durch diverse Rubriken und Oberbegriffe erschlossen wird.
- Wenn Sie sich über die Neuerungen bei Google Earth und über die Aktualisierungen der Datenbankinhalte informieren wollen, abonnieren Sie den monatlichen Newsletter The Sightseer von Google Earth. In diesem werden alle neu verfügbaren Daten fortlaufend dokumentiert. Den Newsletter können Sie hier abonnieren: *http://earth.google.com/sightseer_signup.html*.
- Poweruser in der Google Earth-Community (online unter *http://bbs.keyhole.com*) erkennen Sie an ihrem Status, der mit *Seer* gekennzeichnet ist. Im Bereich des *Discovery Club* unter *The Seer's Best* finden Sie Einträge von diesen Usern zusammengefasst.

6. Mit Google Earth auf Urlaubsreise: clevere Planung am PC

Reisevorbereitungen gehören zweifellos zu den angenehmen Dingen im Leben. Voller Vorfreude überlegt man, was es am Urlaubsort zu bestaunen gibt, erkundigt sich nach Land und Leuten und schaut im Reisekatalog die Bilder des Hotels an.

Noch viel schneller und einfacher geht es mit Google Earth, denn Sie können sich nicht nur das Hotel und die Umgebung ansehen, sondern auch gleich Entfernungen abmessen, nach Restaurants suchen, Wanderungen auskundschaften oder Skizzen erstellen, die Sie ausdrucken und mit in den Urlaub nehmen können.

Wie weit ist es denn wirklich zum Strand?

Was heißt denn nun verkehrsgünstig gelegen? Ist eine Bushaltestelle oder eine achtspurige Autobahn vor dem Hotel? Oder was ist, bitteschön, unter ruhig und abgeschieden zu verstehen? Ein Hotel in der Pampa, wo es weit und breit nichts gibt, oder ein Hotel, das in der Nebenstraße untergebracht ist? Diese und ähnliche Fragen stellen sich die meisten, die in den bunten Verkaufskatalogen der Reiseveranstalter blättern.

In vielen Fällen zeigt bereits Google Earth die Wahrheit. Also geben Sie doch einfach einmal die Adresse des Hotels ein und erkunden Sie in einem ersten Schritt die Gegend.

Alte Abbildungen in Google Earth

Bedenken Sie, dass die Aufnahmen bei Google Earth zum Teil einige Jahre alt sind. Wenn Sie also auf dem Bild beispielsweise eine Baustelle sehen, dann kann es sein, dass es diese in Wirklichkeit dort schon nicht mehr gibt. Gegebenenfalls sollten Sie nachfragen.

Tipp: Das Programm zeigt unten in der Statusleiste das Aufnahmedatum des angezeigten Bildes an. Dieses ist jedoch nach Angaben von Google Earth nicht immer exakt, sodass es nur als Orientierung gelten kann.

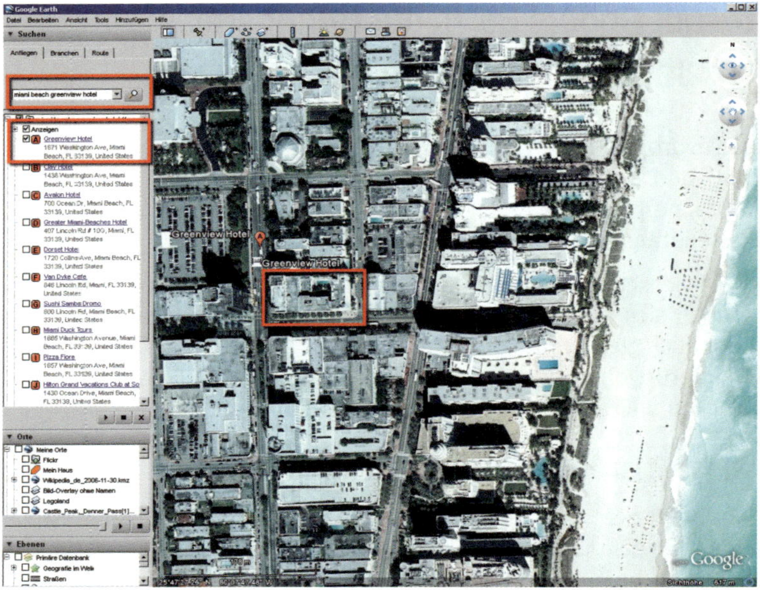

Quelle: Google Earth

Beispiel: Sie interessieren sich für das Greenview Hotel (rot gekennzeichnet) in Miami Beach, Florida. Geben Sie dazu im ersten Schritt die genaue Adresse des Hotels ein.

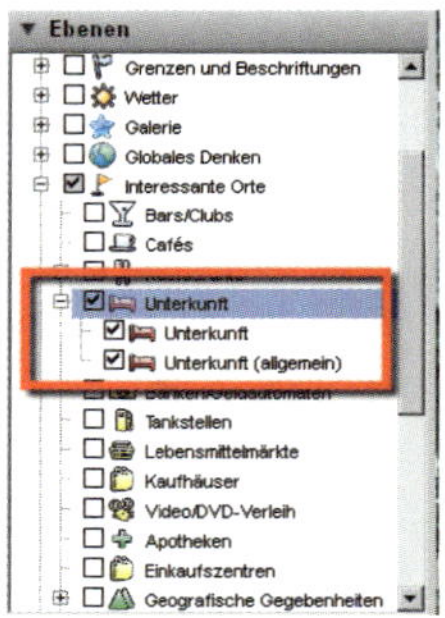

Wenn Sie die genaue Adresse nicht kennen, lassen Sie sich in Google Earth doch einfach die Übernachtungsbetriebe am gewünschten Urlaubsort anzeigen. Hierzu müssen Sie nur im Bereich der *Ebenen* den Eintrag *Unterkunft* mit einem Häkchen versehen. In aller Regel werden Ihnen dann alle in Frage kommenden Hotels und Pensionen mit Namen in Google Earth angezeigt.

Bereits auf den ersten Blick können Sie in dem Beispiel erkennen, dass das Hotel nicht direkt am Strand liegt. Mit dem Meeresblick vom Zimmer aus dürfte es also schwierig werden.

Doch wie weit ist es denn nun zum Strand? Auch das lässt sich mit Google Earth relativ einfach klären. Das nötige Werkzeug zum Messen von Entfernungen, gekennzeichnet mit dem Symbol eines Lineals, finden Sie in der oberen Leiste zwischen dem Symbol für ein *Bild-Overlay* und den *E-Mail-Versand*. Klicken Sie das Lineal an oder wählen Sie das entsprechende Werkzeug aus dem Menü über *Tools/Lineal* aus.

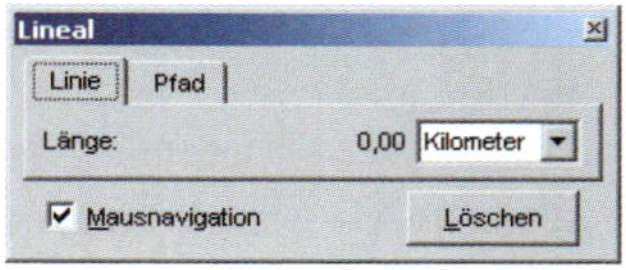

Das Werkzeug selbst bietet mit insgesamt zwei Registern eine Unterscheidung zwischen Linie und Pfad. Zudem können Sie mit der Pfeiltaste neben der numerischen Entfernungseingabe durch Anklicken festlegen, welche Maßeinheit verwendet werden soll. Neben den gängigen metrischen Angaben finden Sie hier beispielsweise auch die Maßeinheiten Fuß, Yard, Meile oder Seemeile hinterlegt.

Wenn Sie nun eine gerade Strecke abmessen wollen, zoomen Sie so weit in die aktuelle Ansicht hinein, dass Sie den geplanten Anfangs- und Endpunkt auf dem Bildschirm sehen können, ohne die Ansicht verändern zu müssen. Wählen Sie beim Werkzeug *Lineal* das Register *Linie* aus. Klicken Sie dann mit der Maus einmal auf den Startpunkt und einmal auf den Endpunkt der Strecke, die Sie bemaßen wollen. Google Earth zieht dann automatisch eine Linie zwischen diesen beiden Punkten und zeigt sofort die Entfernung in der gewählten Einheit an. Sie können diese Einheit übrigens jederzeit ändern, d. h., bevor Sie die Strecke mit der Maus ausgewählt haben oder danach.

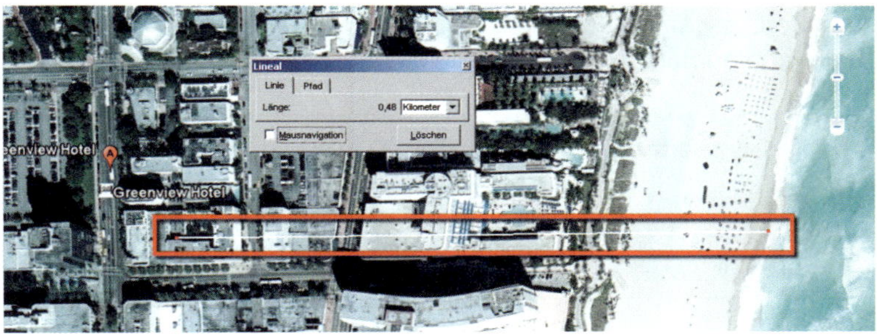

Die Anfangs- und Endpunkte sind rot gekennzeichnet. Die Strecke vom Hotel zum Meer beträgt in diesem Beispiel laut Google Earth rund 500 Meter.

Navigieren beim Bemaßen

Beim Werkzeug *Lineal* finden Sie eine Schaltfläche mit der Bezeichnung *Mausnavigation*. Wenn Sie diese anklicken und aktivieren (also mit einem entsprechenden Häkchen versehen), können Sie sowohl bemaßen als auch den Bildausschnitt verschieben. Um Messpunkte zu setzen, klicken Sie einfach die entsprechenden Stellen mit der linken Maustaste an. Um die Karte zu verschieben, klicken Sie ebenfalls auf die linke Maustaste, halten diese aber gedrückt. Das Maussymbol auf dem Bildschirm verändert sich dann in eine geschlossene Faust. Wenn Sie nun – immer noch bei gedrückter linker Maustaste – die Maus bewegen, verschiebt sich die Bildansicht, ohne dass neue Messpunkte gesetzt werden.

Bis dato wissen Sie also, dass es rund 500 Meter bis zum Meer sind – Luftlinie, denn die Gerade, die hier eingezeichnet wurde, nimmt natürlich keine Rücksicht auf Häuser oder auf die Straßenführung. Doch auch eine Berechnung des tatsächlichen Weges ist mit dem gleichen Werkzeug möglich.

Klicken Sie hierfür statt auf das Register mit der Bezeichnung *Linie* auf das Register *Pfad*. Nun können Sie nicht nur eine einfache Linie, sondern eine gesamte Strecke, also einen Pfad mit mehreren Stationen abmessen. Auf diese Weise können Sie, wie im obigen Beispiel zu sehen, nachmessen, wie weit es von Ihrem Hotel zur Shopping-Mall und von dort aus zum Strand ist.

Ihr Unternehmen in Google Earth

Im Menüpunkt *Hilfe* können Sie kostenlos unter *Geschäftseintrag hinzufügen/bearbeiten* einen Brancheneintrag vornehmen. Dieser wird dann in Google Maps angezeigt.

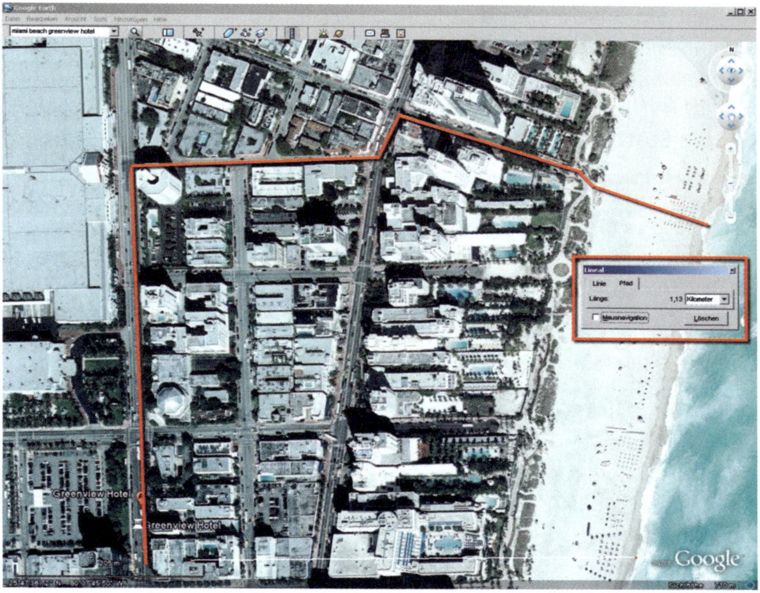

Quelle: Google Earth

Hier können Sie eigene Routen planen

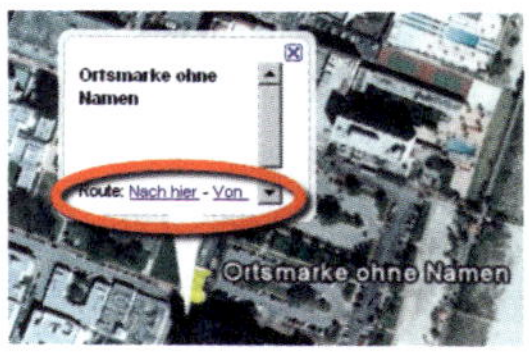

Bereits in Kapitel 3 wurde kurz auf die Möglichkeit hingewiesen, dass Sie sich Routen mithilfe von Google Earth anzeigen und berechnen lassen können. Zur Routenplanung müssen Sie in der Suchmaske das Register *Wegbeschreibung* auswählen und den Anfangs- und Zielort angeben. Doch wie sollte man die exakten Standorte eingeben, wenn die genauen Ortsnamen gar nicht bekannt sind?

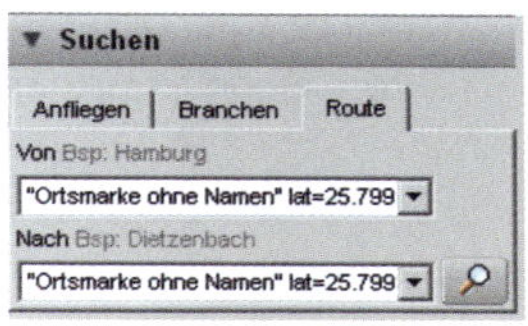

Am einfachsten nutzen Sie hierfür zwei Ortsmarken. Setzen Sie einfach per Mausklick eine Ortsmarke an den geplanten Ausgangspunkt der Route und eine Ortsmarke an das Ende.

Klicken Sie anschließend auf die erste der beiden Ortsmarken und wählen Sie in der sich öffnenden Sprechblase den Eintrag *Von hier*. Danach klicken Sie auf die zweite Ortsmarke und auf den Eintrag *Nach hier*. Beide Einträge werden in die Suchmaske übernommen. Google Earth berechnet die Route und zeigt diese an.

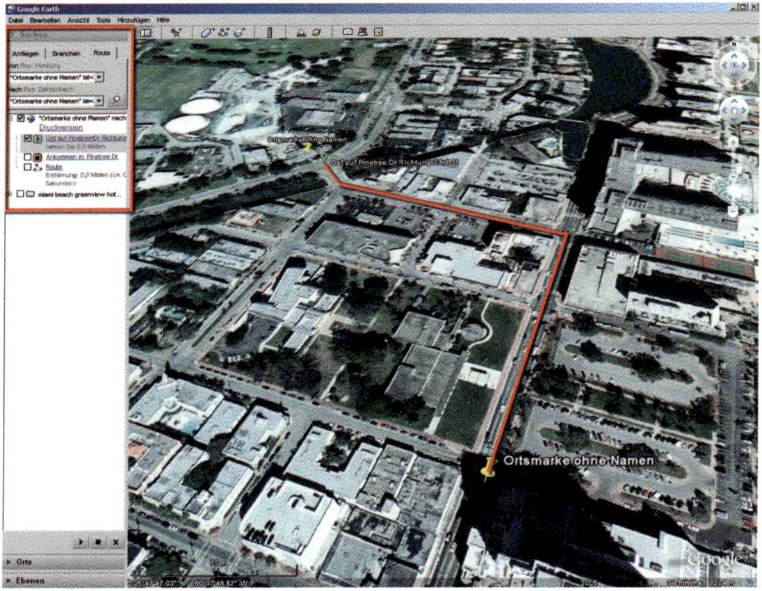

Quelle: Google Earth

Anfahrtsskizzen zum Mitnehmen erstellen

Die in Google Earth berechneten Routen bzw. die angezeigten Pfade können Sie natürlich auch ausdrucken und mitnehmen. So fällt Ihnen die Orientierung vor Ort leichter. Am einfachsten geht dies, wenn Sie im Menü *Datei* auf die Option *E-Mail* und hier auf *Bild per E-Mail versenden* klicken. Google Earth erstellt dann automatisch ein Bildschirmfoto und hängt dieses an eine E-Mail an. Wenn Sie dieses Bildschirmfoto doppelt anklicken, wird es in Ihrem Bildbearbeitungsprogramm geöffnet und Sie können die Übersicht ausdrucken.

Google Earth live: Webcams vom Urlaubsort ansehen

Es wurde bereits angesprochen: Die Datengrundlage in Form der entsprechenden Bilder kann bei Google Earth bis zu drei Jahren alt sein. Deshalb müssen auch nicht alle Bildaussagen zutreffen, die in Google Earth zu sehen sind. So kann beispielsweise eine Baustelle vor dem Hotel, die bei Google Earth noch zu sehen ist, bereits lange weg sein, oder umgekehrt, es ist eine neue Baustelle hinzugekommen, die nur noch nicht zu sehen ist.

Um dies richtig beurteilen zu können, müssen also aktuelle Bilder her, Bilder wie sie eine Webcam liefern kann. Diese finden Sie beispielsweise bei *www.googleearthhacks.com* mit dem Suchwort *Webcam*. Eingeblendet wird eine ganze Liste von Treffern, und Sie können die Webcam heraussuchen, die Sie sehen wollen. Klicken Sie dazu auf den gewünschten Eintrag und danach auf *Download File*. Wenn Sie nun im eingeblendeten Fenster die Schaltfläche *Öffnen* bestätigen, wird die gewünschte KMZ-Datei heruntergeladen. In Google Earth erhalten Sie dann die Ansicht der gewählten Gegend mit einem Symbol für die Webcam angezeigt.

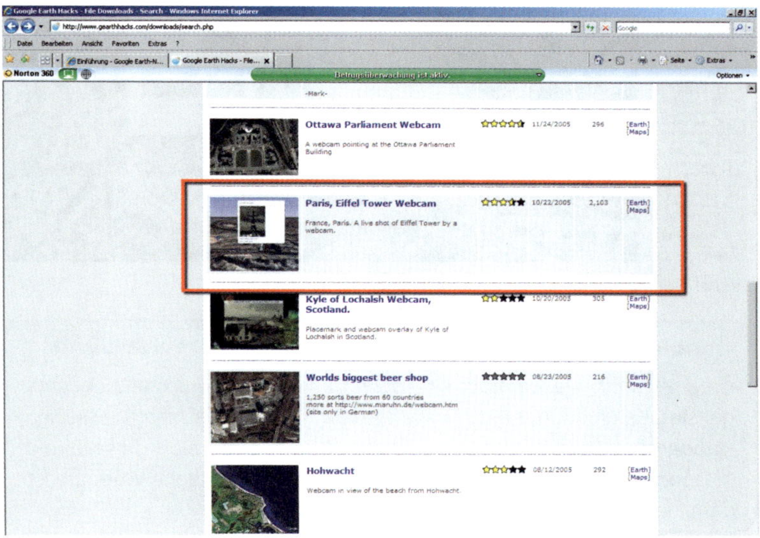

In diesem Beispiel soll es einmal eine Webcam sein, die den Eiffelturm ins richtige Licht setzt. Klicken Sie hierfür auf den passenden Eintrag und laden Sie die entsprechende KMZ-Datei herunter.

Wenn Sie nicht bei *www.googleearthhacks.com* registriert sind, müssen Sie den Download der KMZ-Datei vorher durch Eingabe der eingeblendeten Nummern- und Zahlenkombination freigeben. Anschließend wird eine Ortsmarke mit einem Verweis auf die Webcam angezeigt. Klicken Sie darauf, bekommen Sie folgendes Bild zu sehen:

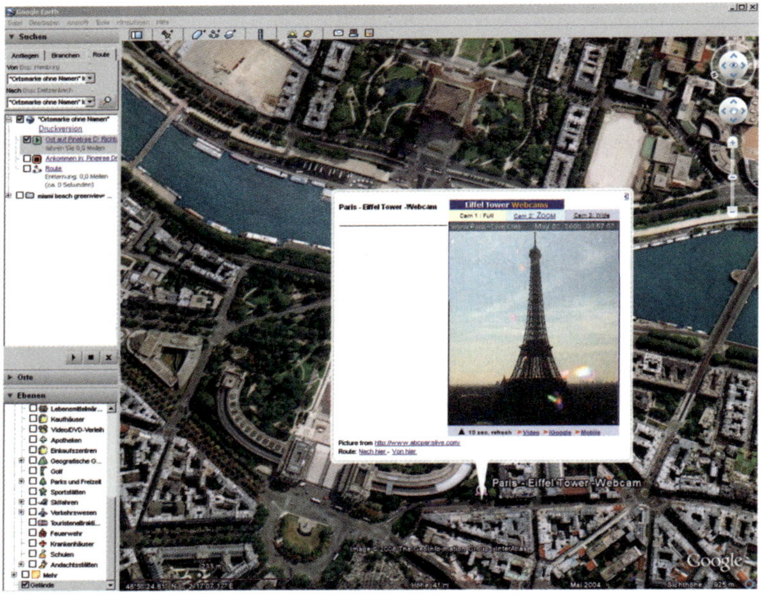

Quelle: Google Earth

Google Earth mit 1.900 Webcams für ganz Deutschland

Unter *www.city-webcams.de* sind derzeit über 1.900 deutsche Webcams gelistet. Es gibt sogar eine passende KMZ-Datei unter *http://www.city-webcams.de/geodb/kml/city-webcams.kml*, mit der sich diese direkt in Google Earth einbinden lassen. Die passende deutsche Webcam ist damit immer nur einen Mausklick entfernt.

Webcams in Google Earth

Suchen Sie im Bereich der *Ebenen* den Eintrag für die *Google Earth-Community*. Innerhalb dieses Eintrags finden Sie das *Community-Schaufenster*. Aktivieren Sie in diesem Bereich die Einträge *Webcams-BenSisko & Telescope* und *Webcams-St_Louis_Hawk*. Wenn Sie nun näher in eine Region hineinzoomen, werden Ihnen zahlreiche Webcams symbolisch dargestellt. Fahren Sie mit der Maus über eine solche Webcam, werden weitere Details angezeigt. Klicken Sie auf einen solchen Eintrag, wird eine entsprechende Sprechblase geöffnet. Hier haben Sie in einem Link die Möglichkeit, die Webcam direkt in einem Browserfenster zu öffnen.

Ihr persönlicher Reiseführer: Google Earth als Cityguide

Urlaub im eigenen Lande wird immer beliebter, doch was sollte man sich ansehen, wenn man in einer fremden Stadt ist? Die klassischen Städteführer zeigen bestenfalls die eine Seite der Medaille, die mit den Klassikern. Die Szenekneipen und andere aktuelle sehenswerte Dinge, die findet man hier nicht immer.

Doch Google Earth taugt auch als Reiseführer. Versehen Sie hierfür im Bereich der *Ebenen* die entsprechenden Einträge, wie z. B. *Bars/Clubs* oder *Cafés* mit einem entsprechenden Häkchen.

Alternativ hierzu können Sie auch fertige Reiseplaner nutzen, die als KMZ-Datei eingespielt werden. So können Sie beispielsweise bei *http://vacationworld.googlepages.com/* diverse City-Guides herunterladen. Diese müssen Sie lediglich in Google Earth öffnen, und schon finden sich hier zahlreiche Einträge zu Kneipen, Museen, Bars, Hotels etc. Die Qualität der verschiedenen Cityguides variiert allerdings, d. h., es gibt Städte mit extrem vielen und Städte mit sehr wenigen Einträgen.

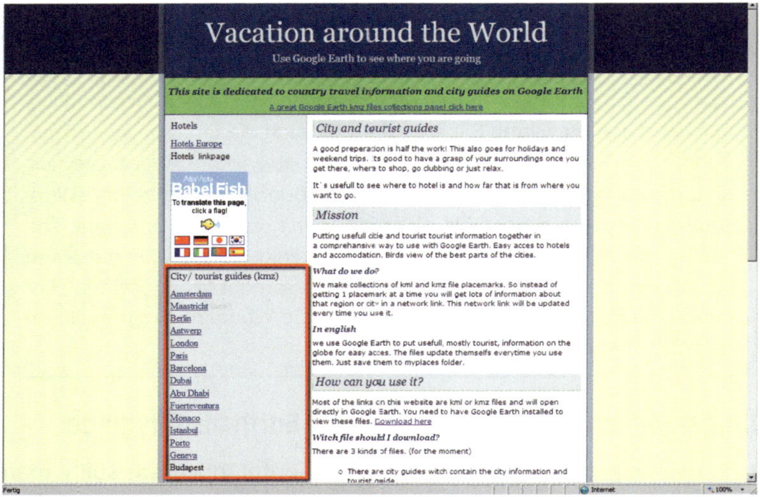

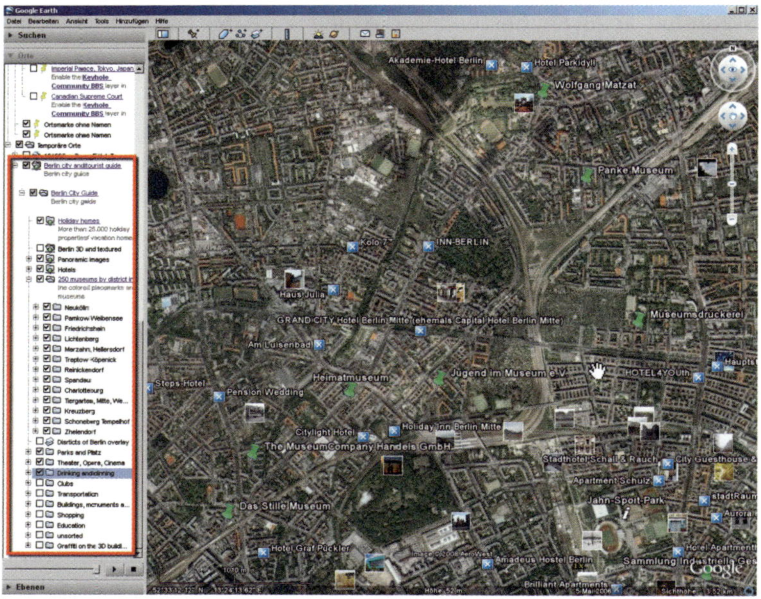

City-Guide von Berlin in Google Earth. Quelle: Google Earth

Google Earth für Golfer

Golffans aufgepasst. Unter *www.golfurlaub.com* finden Sie eine sehr informative und umfangreiche geokoordinierte Datenbank, in der über 700 Golfplätze in Deutschland gelistet sind. Auf Wunsch werden auch die passenden Hotels gleich mit eingeblendet. Die Datenbank ist im Verzeichnis *Golfreisen Magazin* unter dem Eintrag *Google Earth Golf* gelistet.

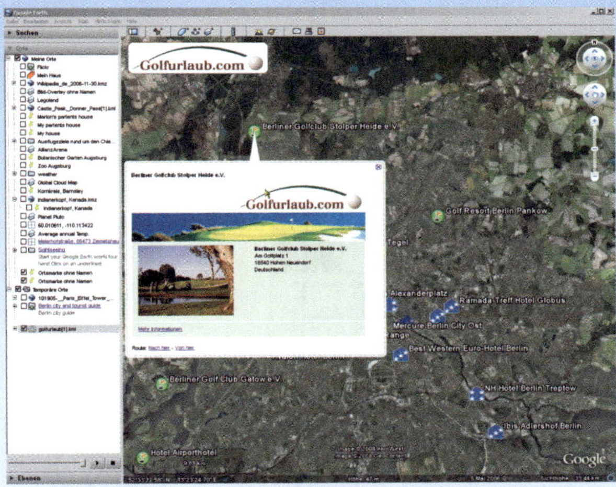

Quelle: Google Earth

Besondere Reisetipps mit Google Earth

Mittlerweile gibt es Reiseanbieter, die sich ganz gezielt die Möglichkeiten von Google Earth zunutze machen, so z. B. das Reiseportal *www.last-minute.de*. Nach eigenen Aussagen ist das Unternehmen der erste Touristiker in Deutschland, der eine Lizenz zur gewerblichen Nutzung von Google Earth erwarb und diese auch eindrucksvoll nutzt.

So finden Sie im Bereich *News & Infos* unter dem Stichwort *Google Earth* eine KMZ-Datei, die nicht nur Hotels, sondern auch zahlreiche Sehenswürdigkeiten von verschiedenen Urlaubsschwerpunkten zusammenfasst. Besonders aufbereitet ist hierbei die Ferieninsel Mallorca. Sie überfliegen das Urlaubsgebiet und können sich in aller Ruhe aus der Vogelperspektive alles ansehen.

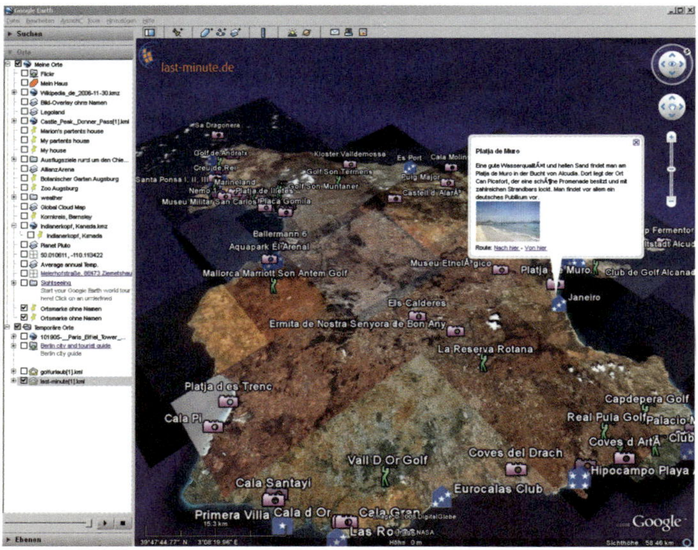

Quelle: Google Earth

Hierbei haben Sie unter anderem die Wahl, ob Sie die einzelnen Hotels und/oder die Sehenswürdigkeiten anfliegen wollen. Insgesamt sind es fast 400 Hotels, rund 50 Sehenswürdigkeiten und 18 Golfplätze, die hier hinterlegt sind.

Zu allen Stationen gibt es übrigens weiterführende Informationen, beispielsweise mit Bildern und Ausstattungsdetails des jeweiligen Hotels, mit einem Verweis auf die Internetseite etc. Der Clou ist: Wenn Ihnen ein Haus gefällt, können Sie per Klick auf Preisinformation und Reservierung sofort eine passende Webseite des Anbieters öffnen und hier mit der Buchung fortfahren. „Nur bei uns ist es möglich, mit Google Earth direkt ein Ziel von oben anzufliegen, eine Hotel-Markierung anzuklicken, weiterführende Fotos und Infos anzusehen, Preise zu vergleichen und per Klick zu buchen", beschreibt Hendrik Dohmeyer vom Reiseportal *last-minute.de* das Angebot.

Mittlerweile wird aber nicht nur Deutschland mit seinen Hotels und die Ferieninsel Mallorca berücksichtigt, sondern auch Gran Canaria.

Ein Blick hinter die Kulissen

Das beschriebene Angebot des Tourismusanbieters ist ziemlich einmalig in Deutschland. Und gerade deshalb ist es auch so interessant zu erfahren, welche Erfahrungen der Anbieter bei der Entwicklung des interaktiven Informationsangebots gemacht hat. Hierfür empfiehlt sich innerhalb der Webseite *www.last-minute.de* die Lektüre von *„Making of“ Mallorca*, die unter dem Menüpunkt *News & Infos* im Eintrag *Google Earth* zu finden ist. Hier wird ausführlich erklärt, wo die Probleme bei der Erstellung des Angebots lagen. Beispielsweise bei den geokoordinierten Daten, die die Grundlage für die Placemarks darstellen. Diese Angaben der Längen- und Breitengrade waren in einigen Fällen so ungenau, dass die Hotels mitten im Meer lagen. Also musste man vor Ort recherchieren. Welche technischen Gerätschaften hierfür zum Einsatz kamen, erfährt der Leser ebenfalls. Insgesamt eine interessante Lektüre und vor allem für Leute zu empfehlen, die ähnliche Angebote planen.

GPS-Touren fürs Mountainbiking integrieren

Es gibt mittlerweile eine ganze Reihe von Seiten, die Zusatzinformationen für Google Earth anbieten. Eine besonders interessante findet sich unter *www.gps-tour.info*. Hier können Sie nämlich bereits die GPS-kodierten Daten von fertigen Ausflügen in Google Earth importieren. Zur Verfügung steht eine große Auswahl an unterschiedlichen Touren: Touren für Quads, Mountainbikes, Inlineskates, Drachen, Reiten oder Nordic Walking, um nur einige zu nennen. Neben der Art der Tour können Sie den Inhalt über eine Länderliste erschließen, wobei mit über 1.800 Einträgen der Schwerpunkt eindeutig auf Deutschland liegt. Es gibt aber auch für Spanien, Schweiz, Österreich und Italien jeweils mehrere hundert Touren, sodass sich ein Besuch der Seite auf jeden Fall lohnt – zumal der Download der entsprechenden Google Earth-Datei kostenlos ist. Und so geht es:

1 Öffnen Sie in Ihrem Browser die Seite unter *www.gps-tour.info*.

2 Wählen Sie entweder eine Tourart oder ein Land aus.

3 Bei Deutschland können Sie dann – was aufgrund der Masse an Daten durchaus hilfreich ist – ein Bundesland auswählen. Natürlich können Sie hierfür auch die Suchfunktion verwenden, wenn Sie eine bestimmte Stadt oder Region bevorzugen.

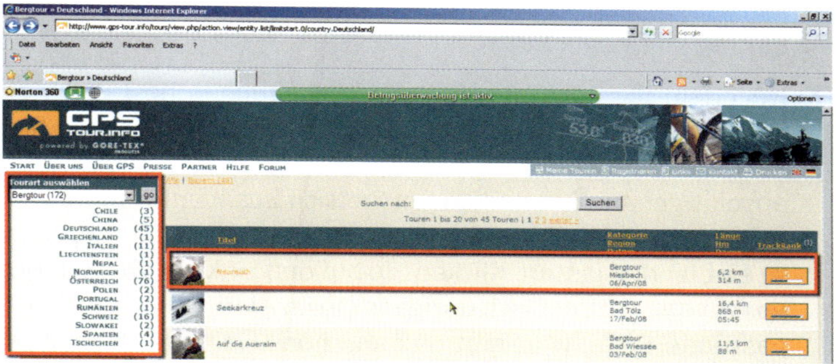

4 Wählen Sie nun per Mausklick die Tour aus, für die Sie sich interessieren.

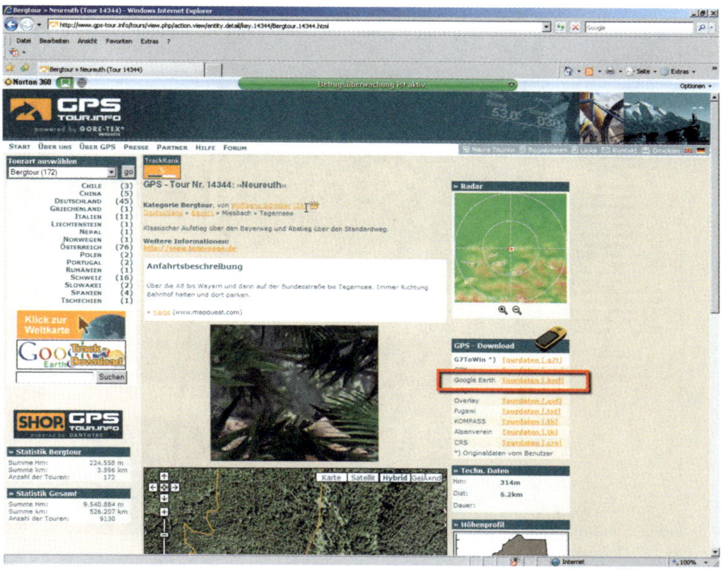

5 In dem sich öffnenden Fenster bekommen Sie weiterführende Informationen zur gewählten Tour. So sehen Sie bereits die grobe Streckenführung und das Höhenprofil.

6 Wenn Sie diese Tourdaten nun in Google Earth importieren wollen, klicken Sie im Bereich *GPS-Download* auf den entsprechenden Eintrag zu Google Earth.

7 Nachdem Sie noch die Nutzungsbedingungen bestätigt haben, wird die Tour direkt in Google Earth geladen. Nun sehen Sie die Streckenführung. Durch die GPS-Daten ist die Streckenführung absolut genau. Zudem können Sie sich Zusatzinformationen wie z. B. die Streckenlänge oder das Höhenprofil in einer Sprechblase einblenden lassen. Klicken Sie auf den Link zur Webseite *www.gps-tour.info*, öffnet sich übrigens gleich wieder die zu dieser Tour passende Seite. Hier gibt es dann noch weitere Informationen, wie z. B. Bildmaterial, eine Anfahrtsbeschreibung sowie hinterlegte Bewertungen.

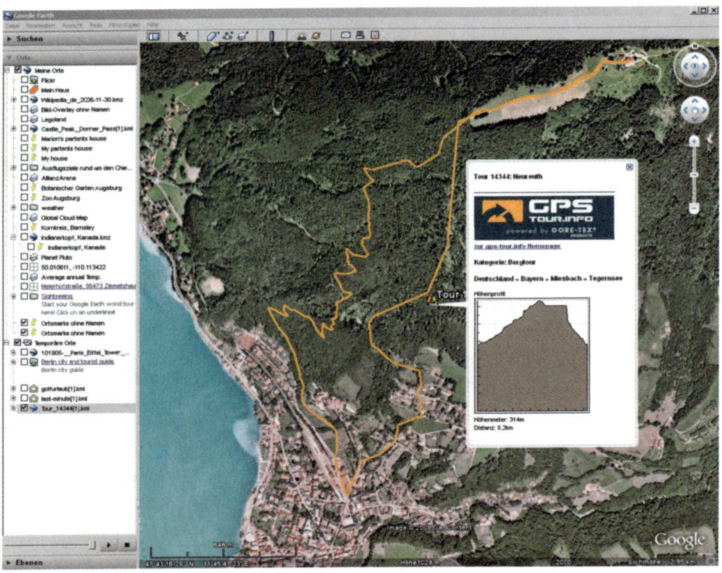

Quelle: Google Earth

8 Übrigens können Sie auch eigene Touren bei der Tourentauschbörse *www.gps-tour.info* veröffentlichen. Voraussetzung hierfür ist natürlich ein entsprechendes GPS-Gerät (GPS-Handgerät), das beispielsweise am Fahrrad montiert ist.

Bild www.gps-tour.info: ein fahrradtaugliches GPS-Handgerät auf einem Radlenker montiert.

Sport ist Mord? – Hier gibt es die Strandbilder

Sie sind kein Sportler? Sie träumen lieber von weißen Sandstränden, kristallklarem Wasser und Sonne satt? Dann sollten Sie sich das Angebot von *www.eachbeach.info* einmal näher ansehen. Im Bereich *Extras/Google Earth* können Sie sich hier kostenfrei eine KMZ-Datei herunterladen. Damit können Sie sich direkt in Google Earth die Strandbilder aus aller Welt ansehen, wobei Sie die Möglichkeit haben, sich über die Liste der Orte systematisch vom Kontinent über das Land zu dem entsprechenden Strand vorzuarbeiten.

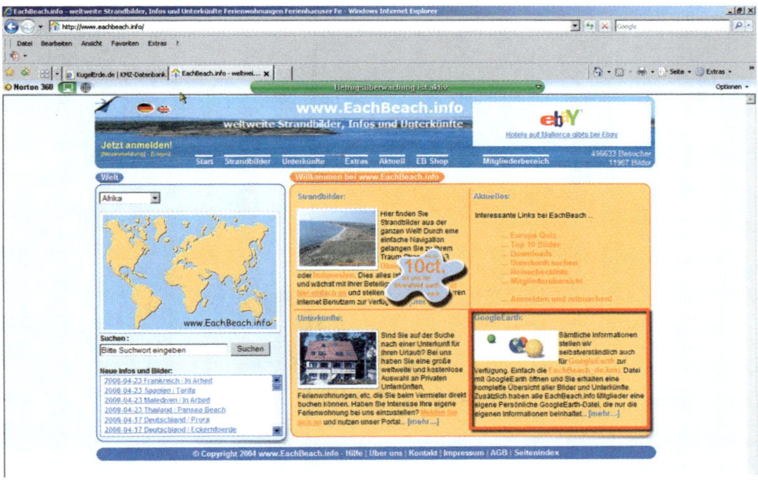

Tipp: Von manchen Browsern – unter anderem passiert dies bei der Benutzung des Internet Explorer – wird die KMZ-Datei fälschlicherweise als ZIP-Datei erkannt. Wenn dies der Fall ist, klicken Sie die Datei im Explorer mit der rechten Maustaste an und benennen diese in eine KMZ-Datei um (also die Endung *.zip* durch die Endung *.kmz* ersetzen). Dann einfach doppelklicken, und schon öffnet sich die Datei in Google Earth.

Hier nur eine von tausenden Strandaufnahmen von *www.eachbeach.info*, in diesem Fall aus dem Mittelmeerraum, eingeblendet in Google Earth. Klicken Sie auf den hinterlegten Link, wird die passende Seite *www.eachbeach.info* geöffnet, und Sie haben direkt Zugriff auf die unterschiedlichsten Informationen, wie z. B. ob Hunde erlaubt sind, um welche Art von Strand es sich handelt und wie sauber das Wasser und der Strand sind. Neben den Strandaufnahmen gibt es übrigens auch zahlreiche Ferienwohnungen und Appartements, die hier angezeigt werden können. Ideal für die Planung der nächsten Urlaubsreise.

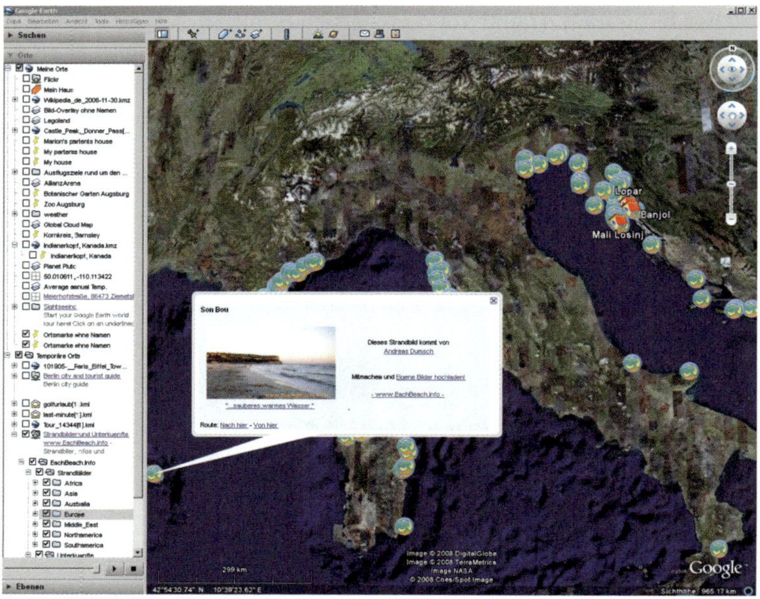

Quelle: Google Earth

Auf die Schnelle: die besten Tipps & Tricks

- Nicht nur für Wanderfreunde: Unter *www.fernwege.de* können Sie diverse geokoordinierte Wanderungen und Touren (auch für Fahrrad und Mountainbike) in Google Earth laden.
- Gleitschirmfans und Drachenflieger aufgepasst: Verwenden Sie doch Google Earth einmal dazu, Lufträume darzustellen. Sie können dabei die Lufträume anhand der GPS-Positionsdaten dreidimensional in Google Earth einblenden und diese Lufträume sogar mit aufgezeichneten GPS-Routen kombinieren. Details hierzu finden Sie unter *www.skyfool.de/Luftraeume/*.
- 150.000 geokoordinierte Bilder, die in Google Earth eingebunden werden, finden Sie unter *www.panoramio.com*. Sie können natürlich auch eigene Bilder hier online stellen und einbinden. Alles, was Sie dazu tun müssen, ist, die Bilder auf dem Portal hochzuladen und auf der Karte exakt zu platzieren.
- Mittlerweile setzt auch expedia.de auf Google Earth. Das Plug-in liefert zu mehr als 150 Zielen nützliche Zusatzinformationen. Das reicht von Hotelinfos bis hin zu preiswerten Mietwagen. Sie finden das entsprechende Plug-in unter der Internetadresse *www.expedia.de/destination/googleearthplugin.aspx*.

7. So war das damals: mit Google Earth auf historischen Pfaden wandern

Google Earth bietet zwei Funktionen, die es erlauben, das Programm auch in einem historischen Kontext zu nutzen:

Das sind zum einen die Ortsmarken. Sie ermöglichen es, einen bestimmten Ort aufzufinden und genauer zu erkunden, der von historischer Bedeutung ist. Die Zeitspanne, die hier als historisch anzusehen ist, variiert: Sie reicht von Geländeformationen, die noch aus der letzten Eiszeit stammen und die besonders gut von oben zu sehen sind, bis hin zu fast tagesaktuellen Ortsmarken, wie beispielsweise jene, die auf die Villa von Dieter Bohlen im Zusammenhang mit dem Ende 2006 stattgefundenen Raubüberfall hinweisen.

Ergänzt werden diese Ortsmarken durch Overlays, also durch Bilder, die (in unterschiedlicher Transparenz), über die Satellitenkarten gelegt werden. Diese Overlays erlauben es unter anderem, erklärende Zusammenhänge herzustellen, Bewegungen zu visualisieren etc. Mit einem derartigen Overlay z. B. in Form von historischen Karten lassen sich beispielsweise ganz hervorragend die verschiedenen Besatzungszonen nach dem Zweiten Weltkrieg in Deutschland oder Ähnliches darstellen.

Derartige Overlays, welcher Art auch immer, können Sie natürlich auch selbst einfügen (siehe Kapitel 4). Dies ist beispielsweise dann interessant, wenn Sie neue historische Zusammenhänge darstellen wollen, die bis dato eben noch nicht entsprechend in den verschiedenen Google Earth-Foren berücksichtigt wurden. Besonders bei regional begrenzten Themen gibt es hier noch ein weites Betätigungsfeld. Ergänzend hierzu finden sich aber in den verschiedenen Foren und Austauschbörsen eine ganze Reihe an historisch relevanten Overlays, die Sie mit wenigen Mausklicks aus dem Internet herunterladen können. Die folgenden Beispiele sollen dabei zeigen, was möglich ist:

Das große Beben: San Fancisco 1906

Am frühen Morgen des 18. April im Jahre 1906 wurde die kalifornische Stadt von einem schweren Erdbeben getroffen. Die Erdverwerfung entlang des San-Andreas-Grabens und mit dem Epizentrum nahe der Stadt erreichte eine Stärke von 7,8 auf der Richterskala. Die Erschütterungen waren an der Küste entlang bis in den Bundesstaat Oregon und im Landesinneren bis nach Nevada zu spüren.

Mindestens genauso zerstörerisch wie das Beben selbst waren die zahlreichen Feuer, die dadurch ausgelöst wurden. Gasleitungen, Kamine und Öfen wurden zerstört, viele der Holzhäuser brannten komplett ab. Erschwerend kam Brandstiftung hinzu, denn zahlreiche Häuser wurden wohl absichtlich angezündet. Der Grund dafür: Viele Versicherungspolicen deckten nur Brandschäden und keine Erdbebenschäden ab. Die meisten Versuche, die Feuersbrunst mit gezielten Sprengungen am Ausbreiten zu hindern, scheiterten ebenfalls. Stattdessen gab es immer neue Brandherde.

Die Folgen jedenfalls waren verheerend: Von den rund 400.000 Menschen, die zu diesem Zeitpunkt in San Francisco lebten, wurden bis zu 300.000 in Folge des Bebens obdachlos. Die Zahl der Opfer wurde offiziell mit knapp unter 500 angegeben, es dürften aber nach aktuellen Schätzungen wohl mindestens 3.000 gewesen sein.

Es war aber nicht nur die reine Macht der Zerstörung, die dem Beben zu trauriger Berühmtheit verhalf: Das große Beben von 1906 war nämlich gleichzeitig auch die erste große Naturkatastrophe, die von den Medien entsprechend begleitet wurde. Durch die Fotografie und durch die Printmedien erfuhren Millionen von Menschen weltweit von dem Beben. Das Ereignis hat sich tief in das amerikanische Bewusstsein eingegraben.

100 Jahre später hat das U.S. Geological Survey (USGS) eine umfangreiche interaktive Darstellung des Erdbebens online gestellt, das San Franciso zerstörte. Die Behörde beschränkt sich aber nicht nur auf die Darstellung des historischen Bebens, sondern liefert darüber hinaus in diversen Kapiteln auch zahlreiche wissenschaftliche Informationen mit, die unter anderem die globalen Verwerfungszonen erklären.

Um die virtuelle Tour zu starten, öffnen Sie in Ihrem Browser die Internetseite *http://earthquake.usgs.gov/regional/nca/virtualtour/*.

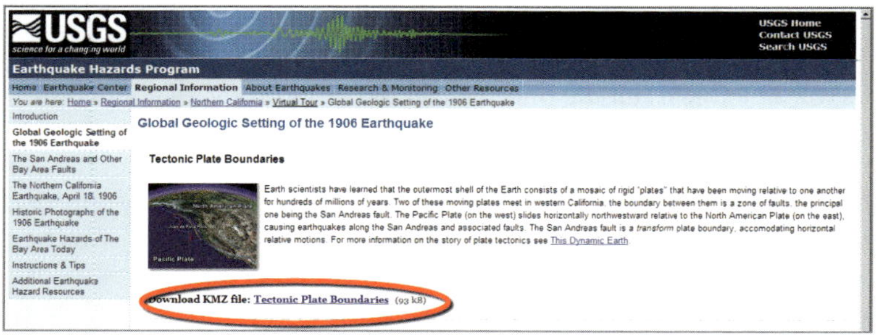

Hier finden Sie eine in verschiedenen Kapiteln angelegte Tour. Klicken Sie zunächst in den Bereich *Global Geologic Setting of the 1906 Earthquake* auf *Read more*. In dem sich öffnenden Fenster können Sie nun drei KMZ-Dateien auswählen. Die erste informiert über die tektonischen Platten der Erde. Klicken Sie auf *Tectonic Plates of the World*, und Google Earth wird geöffnet und zeigt Ihnen folgenden Screen:

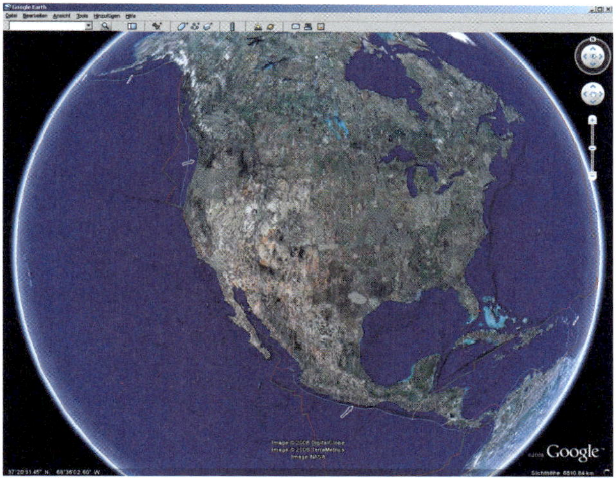

Quelle: Google Earth

Sie können darauf die verschiedenen Erdplatten und vor allem auch die Schnittstellen dieser Platten erkennen. Zoomen Sie näher an die Region um San Francisco heran und Sie können den San-Andreas Graben und die dort vorzufindenden Bewegungen der Erdkruste zueinander erkennen.

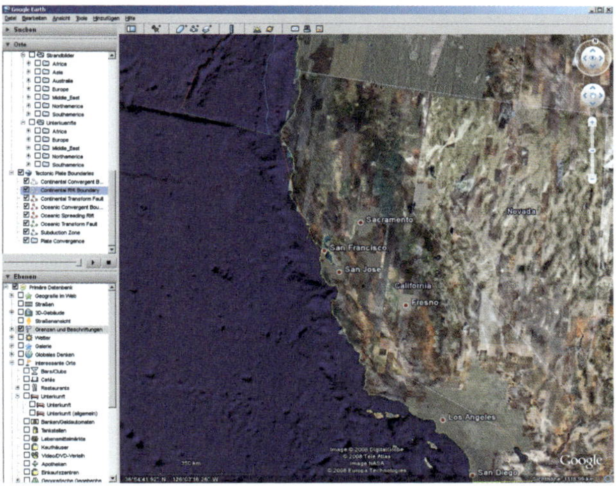

Quelle: Google Earth

Noch interessanter wird es, wenn Sie sich aus dem vorherigen Auswahlmenü auch noch die aktuellen Erdbeben einblenden lassen. Wählen Sie hierzu den Eintrag *Real-Time Earthquakes*, der unter *Tectonic Plates of the World* zu finden ist. Nun zeigt Goole Earth nicht nur die tektonischen Platten, sondern auch zahlreiche gelbe, orange und rote Punkte an. Die gelben Punkte markieren Beben der letzten Woche, die orangen hingegen die Beben des vergangenen Tages und die roten Punkte kennzeichnen die Erdbeben der vergangenen Stunde. Wie aktiv diese Erdregion an der Westseite der nordamerikanischen Platte selbst heute noch ist, lässt sich an der dramatischen Ansammlung der Punkte an der Küstenlinie deutlich erkennen.

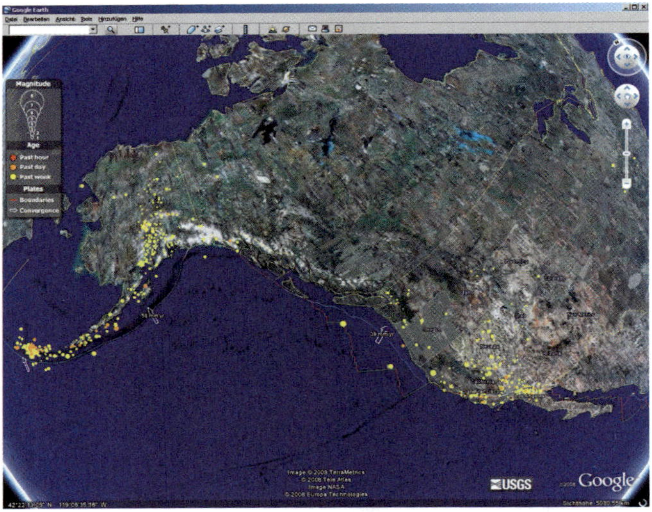

Quelle: Google Earth

Plattenbewegung und vorangegangene Beben

Wenn Sie noch tiefer in die geotektonische Thematik einsteigen wollen, klicken Sie auf den zweiten Eintrag mit der Bezeichnung *The San Andreas and Other Bay Area Faults* direkt unter *Global Geologic Setting of the 1906 Earthquake*. Hier finden Sie eine grafische Zusammenstellung der Verwerfungslinien im Gebiet der San Francisco Bay und eine Darstellung der Beben beginnend von 1836 bis heute.

Klicken Sie im Bereich *The Northern California Earthquake, April 18, 1906* auf *Read more*. Hier haben Sie nun mehrere Möglichkeiten: Sie können sich beispielsweise die seismischen Aufzeichnungen oder eine grafische Darstellung der besonders betroffenen Gebiete darstellen lassen.

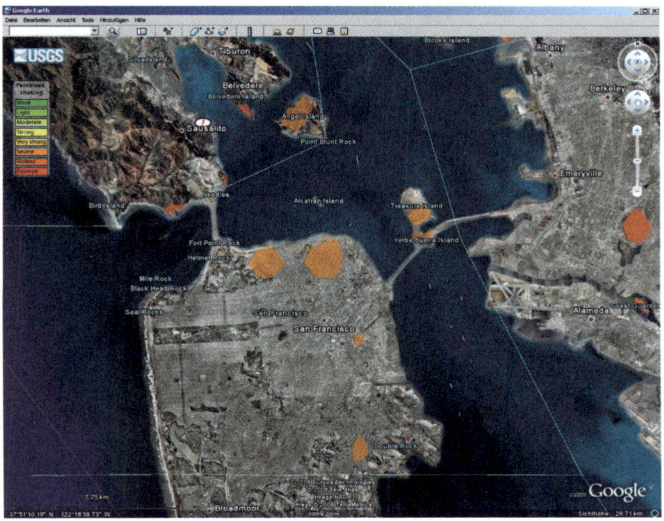

Quelle: Google Earth

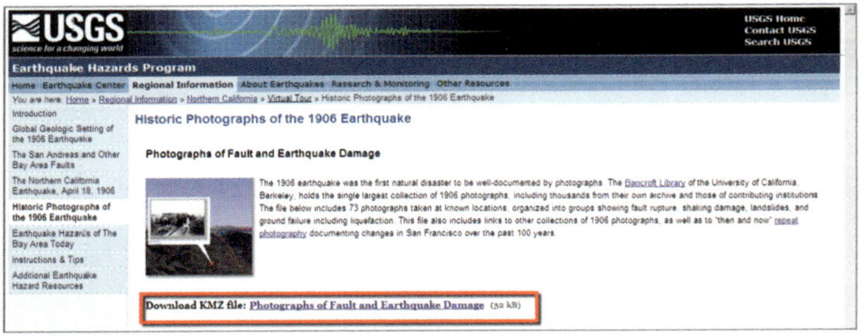

Richtig anschaulich wird das Ganze, wenn Sie sich historische Bilder einblenden lassen. Wählen Sie hierzu den Eintrag *Photographs of Fault and Earthquake Damage* und klicken Sie dort auf die hinterlegte KMZ-Datei. Insgesamt 73 Bilder von bekannten Orten, die in verschiedenen Kategorien, wie z. B. *Aufnahmen vom San-Andreas-Graben*, *Landschaftsaufnahmen* oder *Erdverwerfungen* zusammengefasst sind, finden Sie hier.

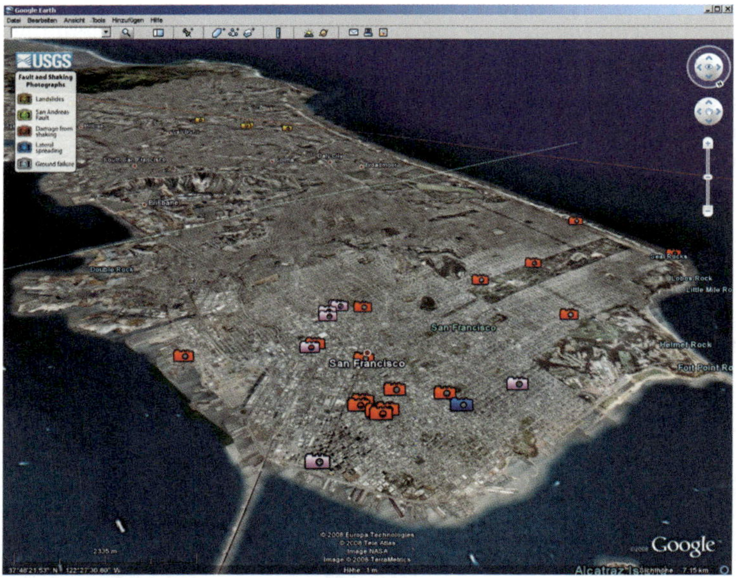

Quelle: Google Earth

Klicken Sie einfach auf die Fotos, um sich einen Eindruck von dem Beben und den Folgen zu machen. Besonders drastisch sind hierbei die vergleichenden Bilder, die zeigen, wie es vor und nach dem Beben ausgesehen hat. Ergänzt wird das Angebot übrigens durch Links auf externe Bilddatenbanken, und es gibt natürlich auch Darstellungen, wie sich ein großes Beben auf die heute viel dichter bevölkerte Region auswirken würde.

Quelle: Google Earth

Die Übersicht bewahren

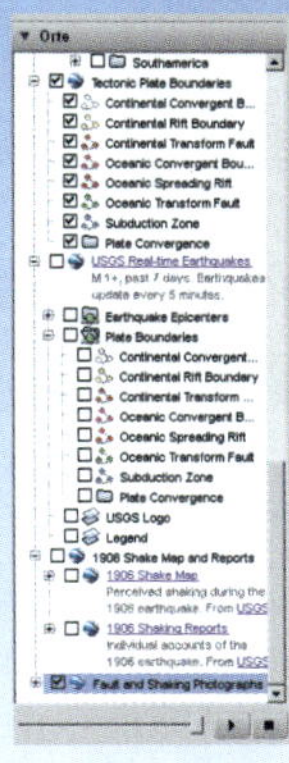

Je mehr KMZ-Dateien Sie herunterladen, desto unübersichtlicher wird die Darstellung. Deshalb: Deaktivieren Sie die *Ebenen* und *Orte,* die für Sie gerade nicht mehr von Interesse sind. Klicken Sie dazu innerhalb des Fensters *Ebenen* oder *Orte* die nicht gewünschten Einträge ab, indem Sie das Häkchens vor dem jeweiligen Eintrag per Mausklick entfernen. Sie können diese zu einem späteren Zeitpunkt wieder einblenden. Wie beim Entfernen der Häkchen können diese per Mausklick wieder gesetzt werden.

D-Day 6. Juni 1944: die Landung der Alliierten in der Normandie

Ein Wendepunkt im Zweiten Weltkrieg war die Eröffnung einer zweiten großen Front gegen Nazi-Deutschland mit der groß angelegten Invasion der Alliierten, die am 6. Juni 1944 in der Normandie ihren Anfang nahm. Es war die größte Landeoperation der Geschichte.

Vorbereitet wurde die Operation von massiven Luftangriffen. Dann, um kurz nach Mitternacht, landeten am 6. Juni rund 17.000 amerikanische und britische Fallschirmjäger hinter der deutschen Küstenbefestigung, um deren Nachschub abzuschneiden.

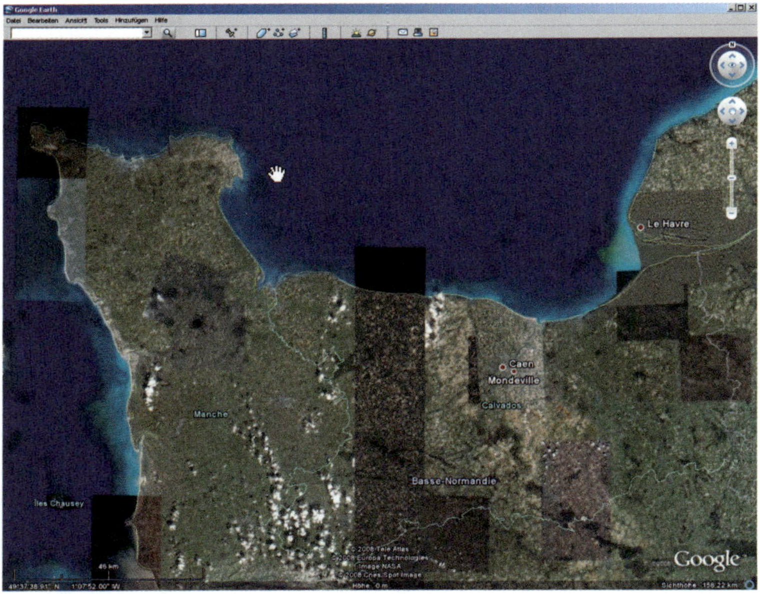

Blick mit Google Earth auf die Normandie aus einer Höhe von knapp 16.000 km. Quelle: Google Earth

Im Morgengrauen eröffneten die rund 5.000 Schiffe der Alliierten das Feuer an den betreffenden Küstenstreifen in der Normandie, begleitet von entsprechenden Bombardements aus der Luft.

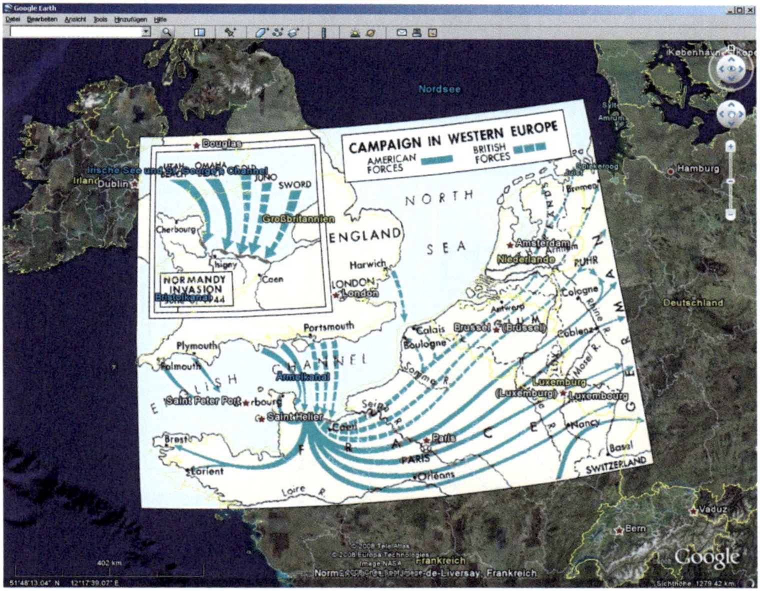

Darstellung der Truppenbewegung in der Normandie mit Google Earth.
Quelle: Google Earth

Wie Sie an dem obigen Bild erkennen können, eignet sich die Overlay-Technik bestens, um zusätzliche Informationen in die Satellitenbilder einzubinden. Diese grafische Darstellung finden Sie beispielsweise unter *www.googleearthhacks.com*.

Geben Sie als Suchwort *Normandy* ein. Achten Sie dabei auf die englische Schreibweise. Die Internetseite sucht daraufhin alle zu Ihrer Suchanfrage passenden Einträge heraus und zeigt diese in einer Liste an.

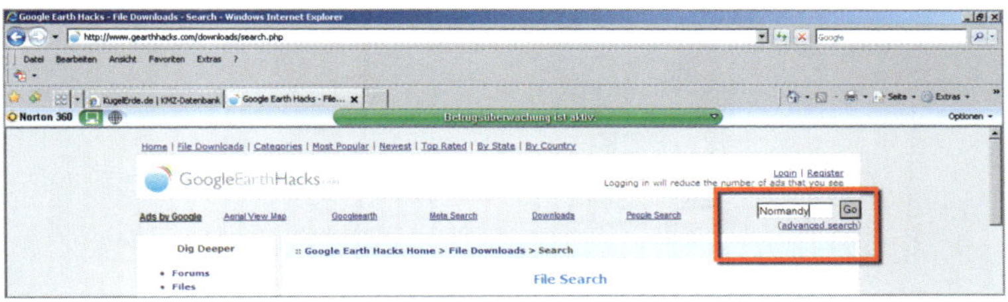

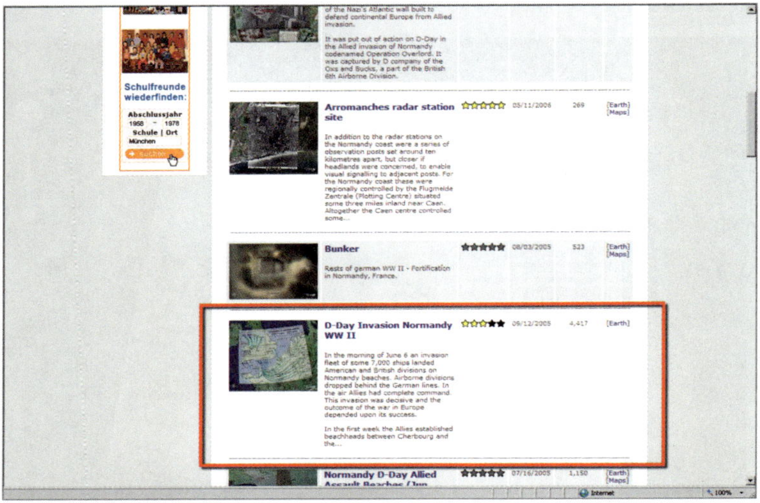

In dieser Liste finden Sie auch den Eintrag mit der oben gezeigten Karte. Klicken Sie den Eintrag an, und ein neues Fenster wird geöffnet. In diesem Fenster wählen Sie *Download File* bzw. klicken auf das Vorschaubild.

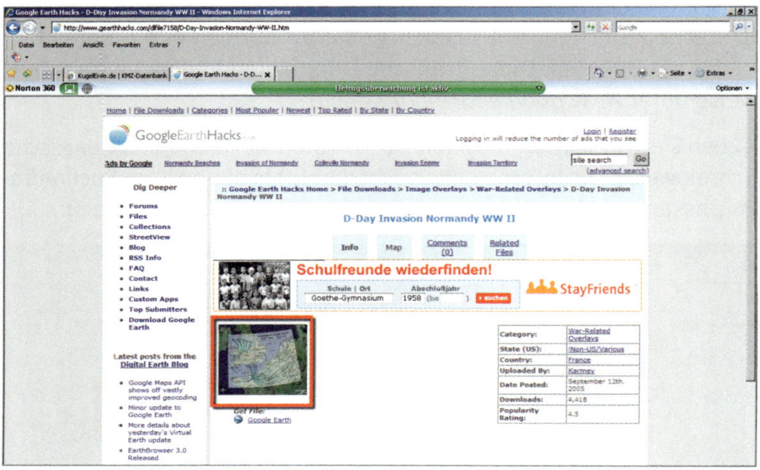

Sie können sich dann noch entscheiden, ob Sie die KMZ-Datei lokal speichern oder sofort mit Google Earth öffnen wollen.

Zurück zur Geschichte: Kurz nach Sonnenaufgang begann das eigentliche Landemanöver: In den Landungsabschnitten „Utah“, „Omaha“, „Gold“, „Sword“ und „Juno“ gingen die Truppen an Land und marschierten ins Sperrfeuer der Deutschen.

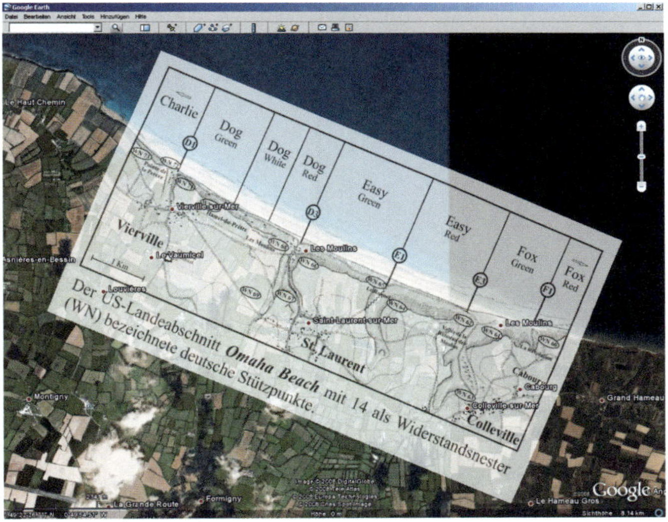

Als Overlay eingefügte Detailkarte von Omaha Beach. Quelle: Google Earth

Auf Seiten der Alliierten wurden allein in den ersten 24 Stunden rund 10.000 Soldaten getötet, verletzt oder vermisst. Die Verluste auf Seiten der Deutschen lagen in der gleichen Zeit geschätzt zwischen 4.000 und 9.000 Mann. Insgesamt landeten etwa 156.000 Soldaten an jenem 6. Juni an der Küste, und die Alliierten konnten bis zum Strandabschnitt von „Omaha“ stabile Brückenköpfe errichten.

Die Alliierten rückten dann in den nächsten Wochen und Monaten von Westen auf Deutschland zu, während im Osten die Rote Armee vorstieß. Ein knappes Jahr nach dem D-Day, nämlich am 9. Mai 1945, kapitulierte die Wehrmacht. Ein Grundstein hierfür wurde in der Normandie gelegt.

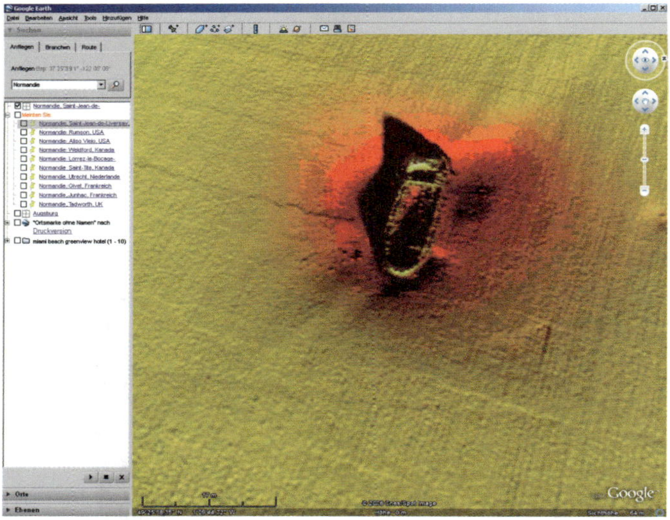

Echolotdarstellung von einem Boot, das im Juni 1944 bei Utah Beach gesunken ist, eingebunden in Google Earth. Zu finden unter www.googleearthhacks.com. Unten: Soldatenfriedhof in der Normandie. Quelle: Google Earth

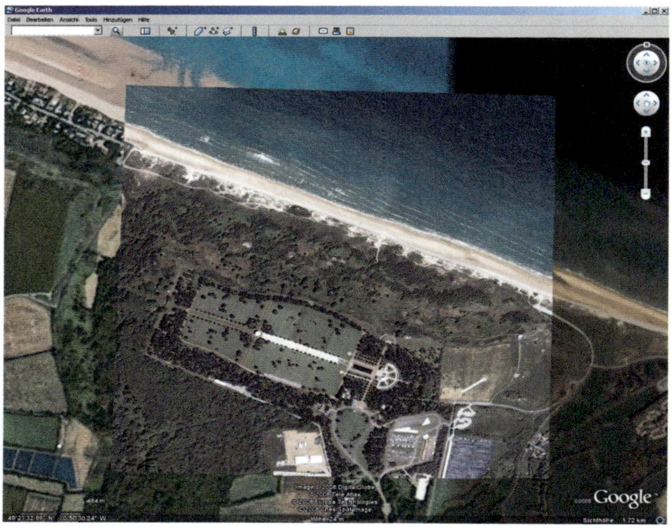

Mit Google Earth auf den Spuren großer Entdecker

Es gibt zahlreiche weitere interessante Themen- und Geschichtsreisen für Google Earth.

Unter *www.geschichtspassage.de* findet sich beispielsweise eine komfortabel zu ladende KMZ-Datei, mit der Sie auf den Spuren der Heiligen drei Könige wandeln können. Zur Erinnerung: Nur bei dem Evangelisten Matthäus heißt es zwar, dass Sterndeuter aus dem Osten kamen, die dem Kind huldigten, dennoch gibt es kaum eine Krippendarstellung, in der die drei Könige Kaspar, Melchior und Balthasar fehlen. Wie dem auch sei, es sind auf alle Fälle zahlreiche Stationen, bis die Reliquien der drei Könige im Mittelalter in die freie Reichsstadt Köln überführt wurden. Wenn Sie diese Stationen mit Google Earth nachreisen wollen, nutzen Sie die unter der oben genannten Adresse hinterlegte KMZ-Datei.

Weil wir gerade bei geschichtshistorischen Themen sind: Wenn Sie einmal die wichtigsten Orte der Bibel virtuell bereisen wollen, finden Sie unter *www.bible-earth.net* nicht nur eine übersichtliche Zusammenstellung der wichtigsten Städte mit detaillierten Erklärungen, sondern auch noch die passenden Verweise zu Google Earth in Form von Geokoordinaten, die einfach in die Suchfunktion hineinkopiert werden.

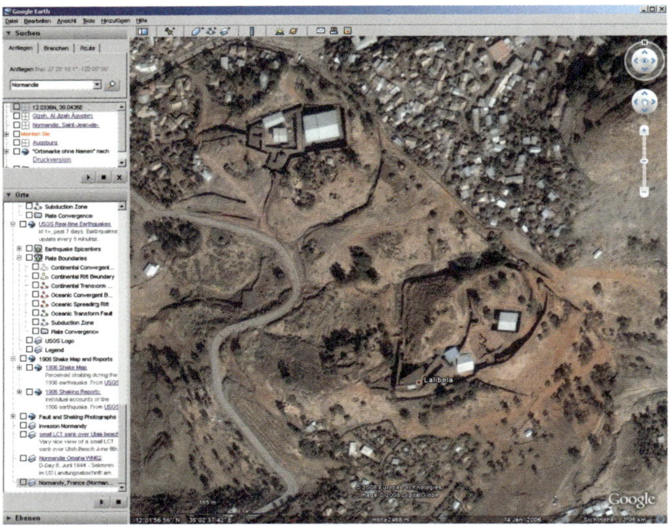

Quelle: Google Earth

Was sich auf alle Fälle lohnt, ist die Suche nach historischen Zusammenhängen und Orten über *http//bbs.keyhole.com*. Hier finden Sie unter der Rubrik *Earth* im Bereich *History Illustrated* eine Unmenge an historischen Orten hinterlegt. Allein zum Zeitpunkt der Recherche für dieses Buch waren es fast 12.000 Einträge in diesem Bereich.

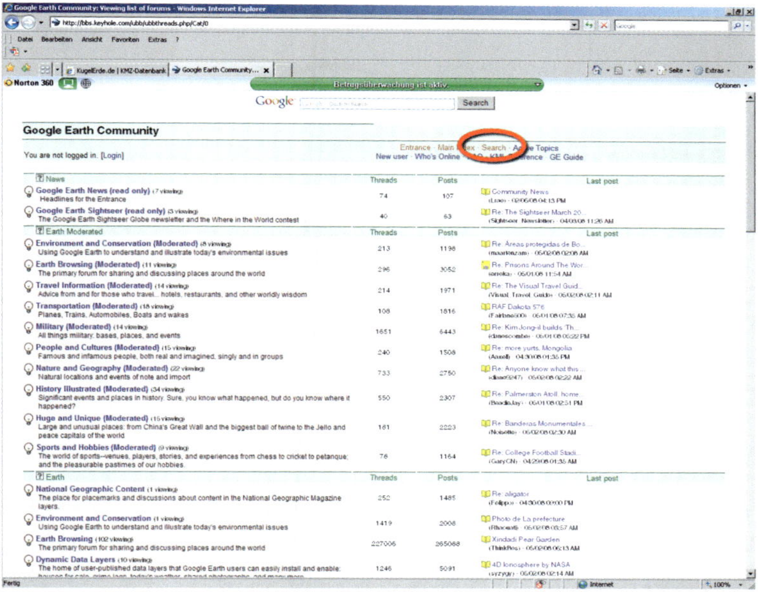

Angesichts dieser Menge an Einträgen ist es wichtig, dass Sie die Suchfunktion verwenden. Natürlich können Sie sich auch Seite für Seite durch die Einträge klicken, aber bei über 1.000 Seiten allein im Bereich *Geschichte* ist dann doch sehr viel Geduld gefragt.

Schnellere Ergebnisse liefert, wie bereits angesprochen, die Suchfunktion. Nehmen wir einmal an, Sie suchen Informationen zur Berliner Mauer. Öffnen Sie hierzu im ersten Schritt die Seite *http//bbs.keyhole.com.* Klicken Sie hier dann auf den Bereich *Search*.

Es öffnet sich folgende Suchseite:

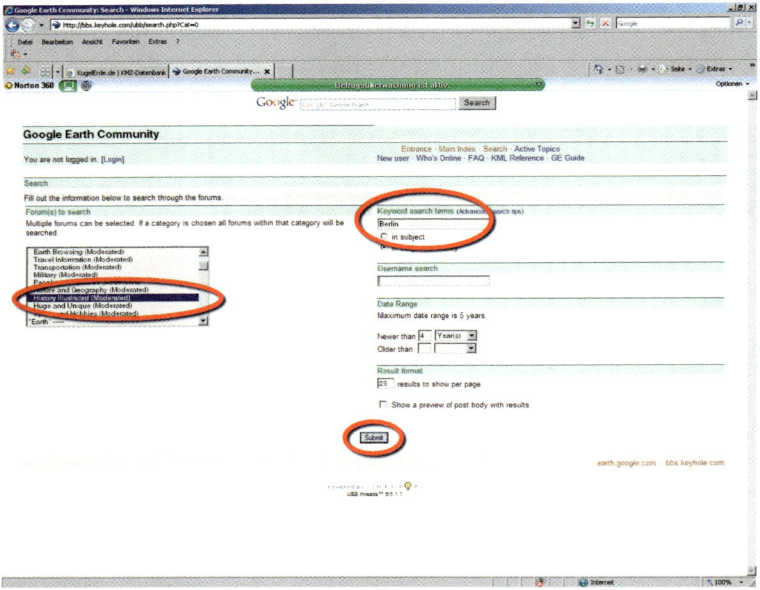

Wählen Sie hier im linken Bereich den Eintrag *History Illustrated* und geben Sie dann als Suchwort *Berlin* ein. Über *Submit* starten Sie schließlich die Suchanfrage. 165 Treffer listet das Portal auf diese Suchanfrage auf, wobei bereits der zweite Eintrag in der Trefferliste mit der Bezeichnung *The Berlin Wall* zum richtigen Ergebnis führt.

Klicken Sie auf diesen, können Sie eine entsprechende KMZ-Datei herunterladen, und diese zeigt Ihnen in Google Earth den Verlauf der Mauer durch die Stadt, so wie dies auch hier zu sehen ist.

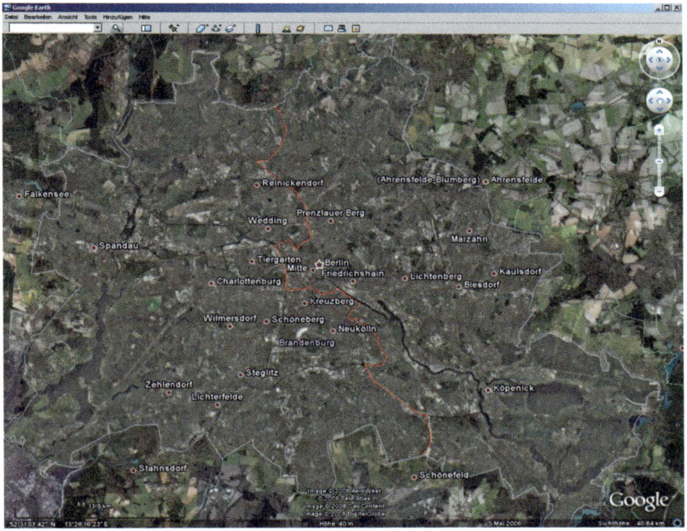

Quelle: Google Earth

Zum Abschluss dieses historischen Kapitels noch ein kurzer Ausflug nach Gizeh zu den Pyramiden in Ägypten. Diese sind als einziges Baudenkmal von den klassischen sieben Weltwundern bis heute noch übrig. Unter *www.googleerde.de* geben Sie einfach das Suchwort *Pyramide* ein, und schon finden Sie diesen Eintrag. Ein Klick auf die hinterlegte KMZ-Datei und los geht es ...

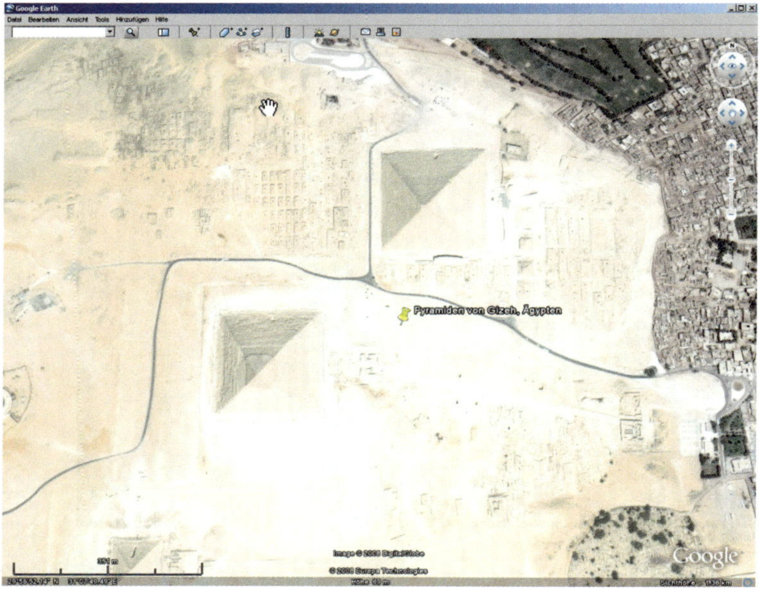

Quelle: Google Earth

Auf die Schnelle: die besten Tipps & Tricks

- Noch mehr historische Karten finden Sie in Google Earth, wenn Sie die Sprache auf Englisch umstellen. Das geht über *Tools/Optionen*. Unter dem Register *Allgemein* finden Sie hierfür den nötigen Eintrag. Starten Sie anschließend das Programm neu. Nun gibt es im Bereich der *Layer* unter der Bezeichnung *Featured Content* die Rubrik *Rumsey Historical Maps*. Und hier sind diverse historische Karten hinterlegt.
- Unter *www.googleearthhacks.com/downloads/* finden Sie im Bereich *Image Overlays* unter dem Stichwort *War-Related Overlays* eine große Anzahl an historischen Bildinformationen, die in Google Earth per Mausklick integriert werden können.

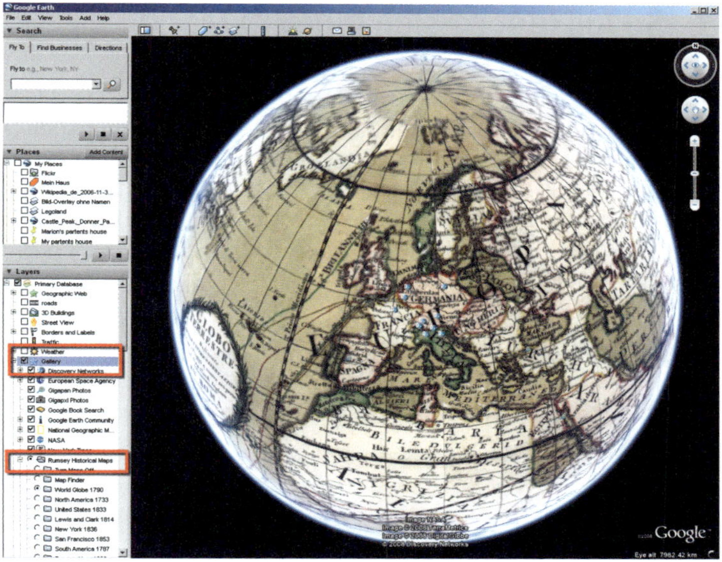

Quelle: Google Earth

- Sehr gut aufbereitet sind auch historische Naturkatastrophen, wie z. B. der Tsunami in Asien oder der Hurrikan Katrina. Zu finden unter *www.googleearthhacks.com/downloads/* im Bereich *Past Events*. Vor kurzem erst zu Google Earth hinzugekommen ist im Bereich der Ebenen der Eintrag *Globales Denken*. Hier finden Sie beispielsweise Informationen von Greenpeace zum Klimawandel, einen Atlas der Umweltveränderungen, Details zur Dafur-Krise oder Infos zum Thema Fair-Trade. Hineinklicken lohnt sich ...
- Werbung auf Dächern gibt es bereits heute in der Nähe von Flughäfen, doch mit Google Earth macht es auch Sinn, in der Nähe von Sehenswürdigkeiten auf Dächern und Freiflächen so zu werben, dass diese Werbung auch in Google Earth zu sehen ist. Erste Anbieter gibt es bereits, wie z. B. *www.roofads.com* oder *www.roofshout.com*.

8. So toll lebt es sich hinterm Mond

Das vorangegangene historische Kapitel zeigte bereits, dass Google Earth weit mehr ist als ein digitaler Satellitenatlas. Mithilfe der Overlay-Technik ist es nämlich möglich, Bilder und Zusatzinformationen über die Satellitenbilder zu legen. Wie weit das geht, zeigt dieses Kapitel. So können Sie mit Google Earth sogar fremde Planeten oder unseren Erdtrabanten erkunden. Das geht ganz einfach.

Öffnen Sie in Ihrem Browser die Seite *www.googleerde.de* und klicken Sie dort die Suchfunktion an. Tippen Sie nun in das Feld unter Die *KMZ-Datenbank durchsuchen* das Wort *Mond* ein und bestätigen Sie diese Eingabe durch Klicken auf die Taste *Suchen*. Der letzte Eintrag in der sich öffnenden Trefferliste zeigt ein Bild unseres Erdtrabanten.

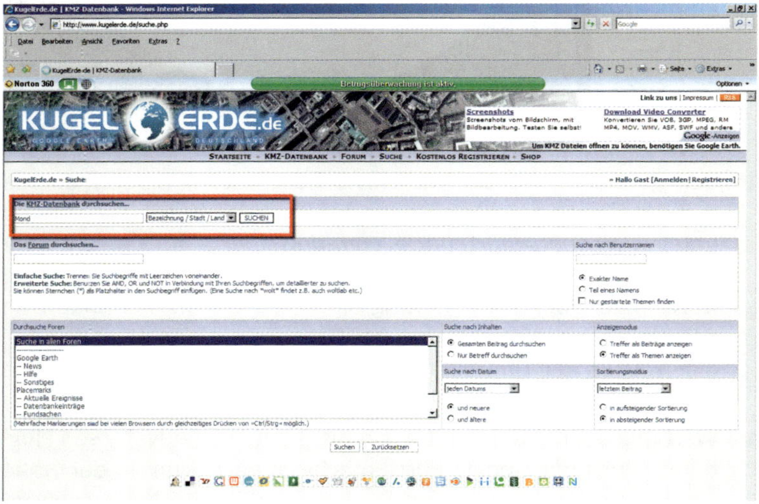

Wählen Sie diesen Eintrag per Mausklick aus. In dem sich öffnenden Fenster finden Sie nicht nur eine ganze Menge an Informationen und Fakten zum Mond, sondern auch eine KMZ-Datei, die Sie per Mausklick abrufen und in Google Earth öffnen können. Gegebenenfalls müssen Sie, um die KMZ-Datei angezeigt zu bekommen, nach unten scrollen.

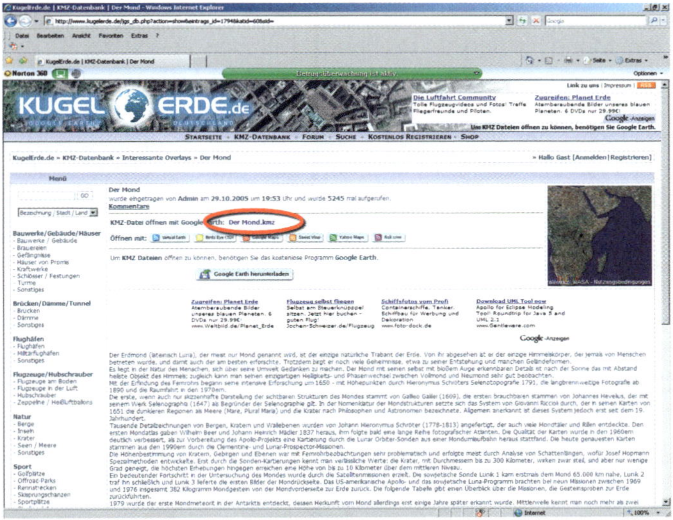

Daraufhin verändert sich schlagartig das Bild der Erde, wie es in Google Earth normalerweise angezeigt wird, und stattdessen erscheint ein Bild des Mondes.

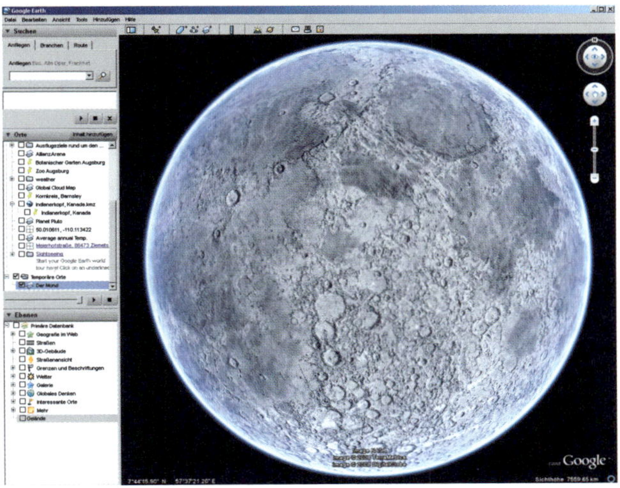

Quelle: Google Earth

Nun können Sie, wie Sie dies bereits von der Darstellung der Erde kennen, den Mond hin und her drehen und ihn beispielsweise von der Rückseite aus betrachten, also so, wie er auf der Erde nie zu sehen ist. Einschränkend sei an dieser Stelle allerdings darauf hingewiesen, dass die Qualität der Monddarstellung nicht die der Erde erreicht. Dies merkt man vor allem, wenn man näher an den Erdtrabanten heranzoomt. Es reicht aber durchaus aus, um sich einen ersten realistischen Eindruck zu verschaffen.

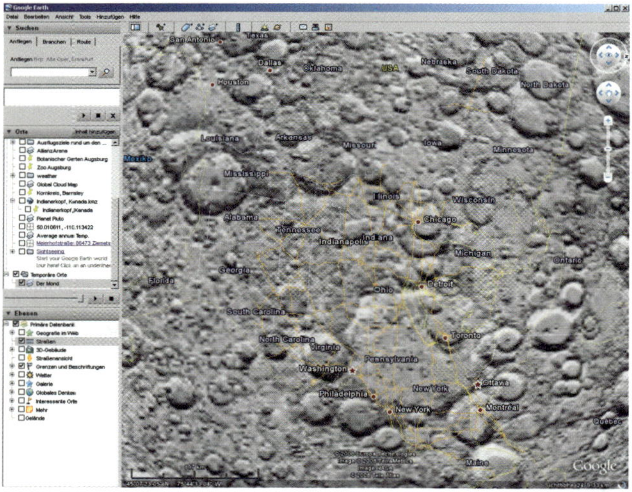

Quelle: Google Earth

Erdkontinente auf dem Mond?

Nein, es ist keine Sinnestäuschung, wenn Sie plötzlich auf dem Mond die Umrisse der Erdkontinente sehen. Dies liegt viel eher daran, dass in Ihrem Programm noch entsprechende Ebenen in Google Earth aktiviert sind. Durchsuchen Sie also die Ebenen und deaktivieren Sie die entsprechenden Einblendungen, um Darstellungen, wie sie oben auf dem Bild zu sehen sind, zu vermeiden.

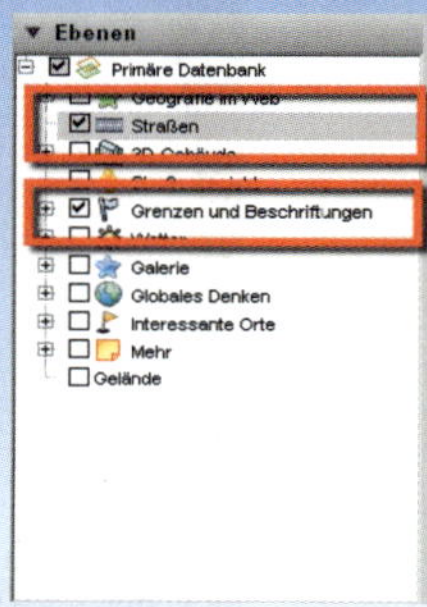

Übrigens: Wenn Sie noch mehr über den Mond wissen wollen, finden Sie bei *www.googleerde.de* unter dem Stichwort *Apollo* entsprechende Ortsmarken. Diese zeigen die insgesamt sechs Landeorte der Missionen. Mit berücksichtigt ist natürlich auch die Stelle, an der Neil Armstrong und Edwin Aldrin mit Apollo 11 im Jahre 1969 den Mond besuchten.

Wie viele Menschen waren auf dem Mond?

Bei den sechs Mondlandungen, die im Rahmen des Apollo-Programms durchgeführt wurden, betraten bis heute insgesamt 12 Menschen - allesamt US-Amerikaner - den Mond. Der letzte Mensch, der unseren Erdtrabanten besuchte, war Harrison H. Schmitt im Rahmen von Apollo 17 am 12. Dezember 1972.

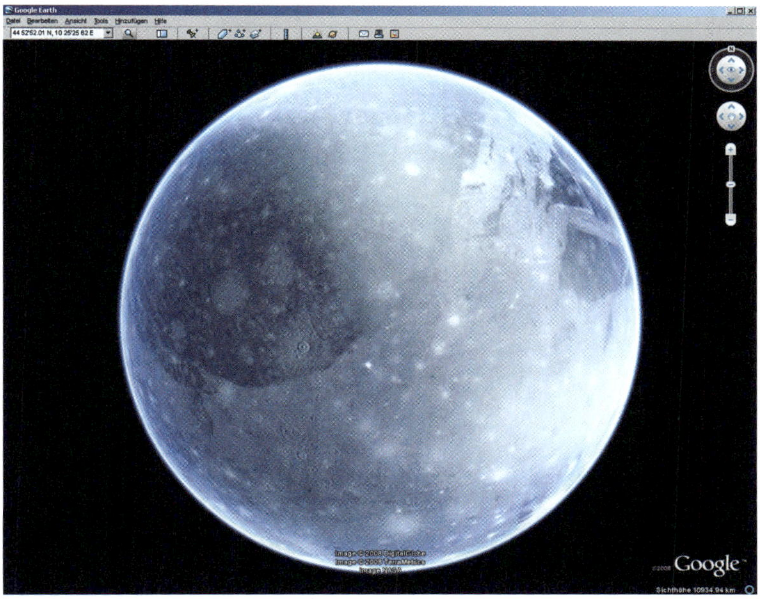

Blick mit Google Earth auf Pluto, dem im Jahre 2006 der Planetenstatus wissenschaftlich aberkannt wurde. Quelle: Google Earth

Nach dem gleichen Prinzip gibt es bei *www.googleerde.de* mithilfe der Stichwörter *Jupiter, Neptun, Uranus, Saturn, Venus, Merkur* oder *Pluto* auch Overlays für diese Planeten.

Sehr eindrucksvoll ist ferner die Darstellung des Mars. Der Mars, von der Sonne aus gesehen der vierte Planet in unserem Sonnensystem, wird häufig als der rote Planet bezeichnet - und dies sieht man auch auf der Darstellung in Google Earth. Die rote Färbung des Planeten stammt übrigens von Eisenoxid. Dieser rote Staub hat sich auf der Oberfläche und in der Atmosphäre verteilt. Wenn man es etwas salopp formuliert, so ist der Mars deshalb rot, weil er rostet. Übrigens besitzt der Mars zwei kleine Monde (genannt Phobos und Deimos), die allerdings nicht auf der Darstellung in Google Earth zu sehen sind.

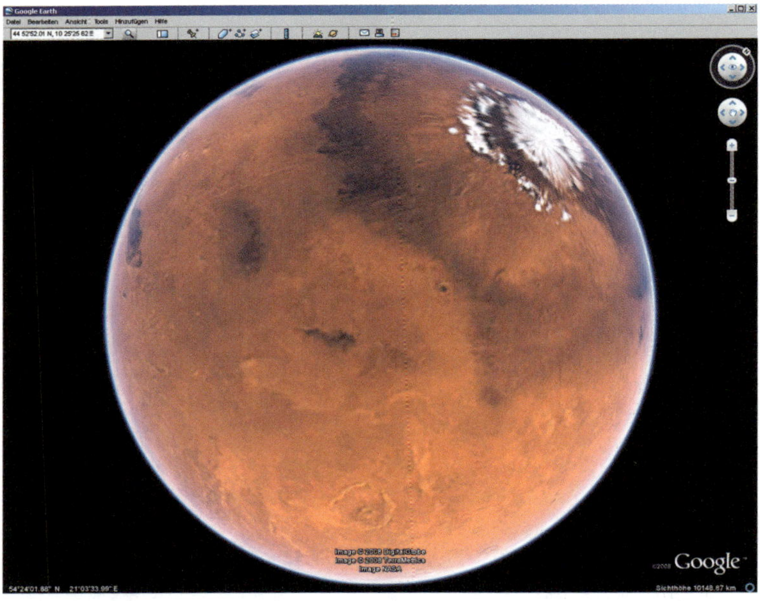

Google Earth lädt zum Ausflug auf den Planeten Mars ein. Quelle: Google Earth

Zu Besuch auf der International Space Station (ISS)

Die amerikanische Unternehmerin Anousheh Ansari (40) erfüllte sich im Jahr 2006 einen lang ersehnten Traum: Sie flog als erste Weltraumtouristin für rund 20 Millionen Dollar (15,2 Millionen Euro) zur Weltraumstation ISS.

Bild: NASA

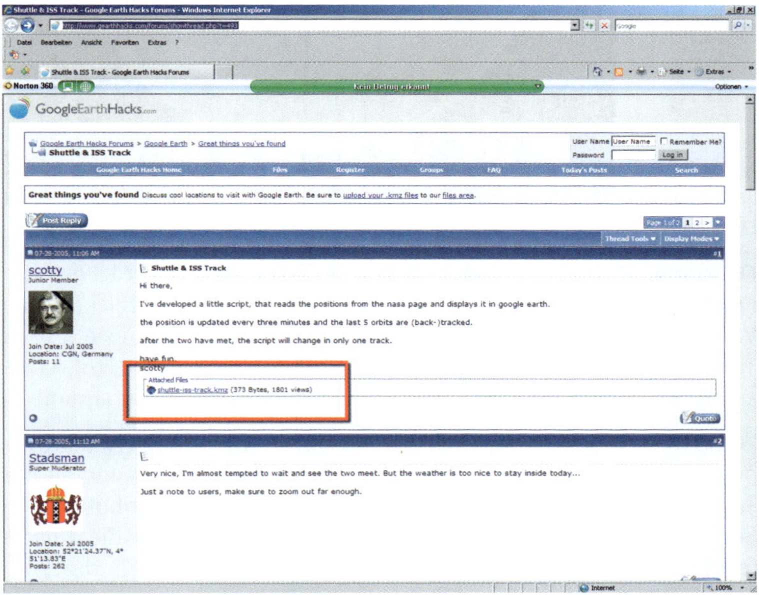

Zwar können Sie mit Google Earth nicht bis zur Weltraumstation fliegen, aber Sie können diese zumindest von der Erde aus beobachten. Geben Sie hierzu im Browser die Internetadresse *www.gearthhacks.com/forums/showthread.php?t=493* ein. Klicken Sie auf die KMZ-Datei, die Sie in Google Earth einlesen können. Folgende Darstellung sehen Sie dann in Google Earth:

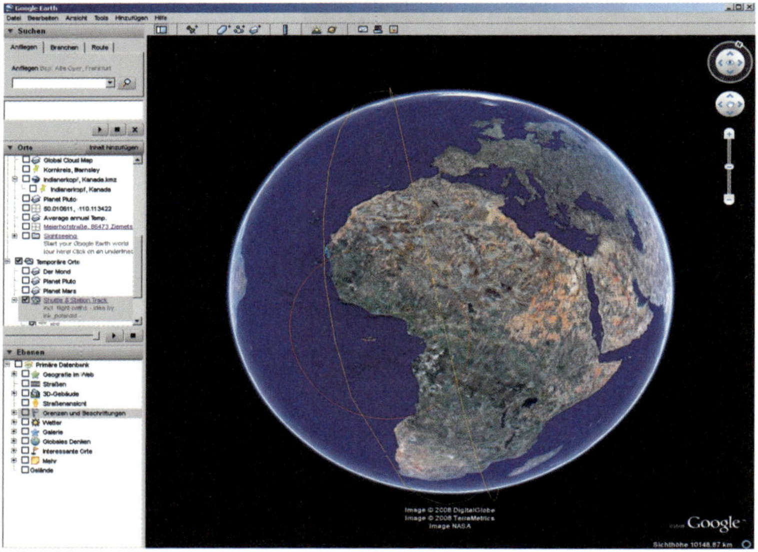

Quelle: Google Earth

Die orangefarbenen Linien symbolisieren die zuletzt zurückgelegte Flugbahn der ISS, und der rote Kreis zeigt an, in welchem Blickfeld die Weltraumstation zu sehen ist. In diesem Fall könnte man sie also in Teilbereichen von Westafrika sehen. Leider aktualisiert die NASA derzeit diese Flugdaten nicht mehr, sodass die Anzeige nicht stimmt.

Wenn wir gerade den Blick von oben auf unseren geliebten Heimatplaneten richten, dann kann es ja ganz interessant sein, wo derzeit die Tag-Nacht-Grenze verläuft. Klicken Sie hierzu auf das Symbol mit der Sonne. Über den eingeblendeten Schieberegler können Sie die Uhrzeit festlegen und beobachten, wie sich der Sonnenstand verändert.

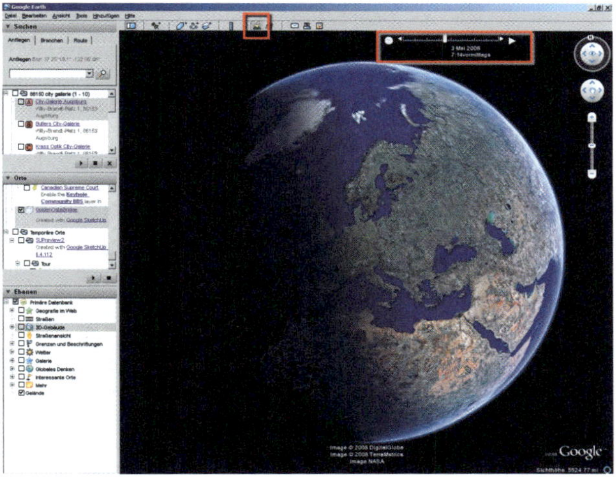

Quelle: *Google Earth*

Eng mit der Tag-Nacht-Grenze hängen auch die Zeitzonen zusammen. Natürlich – Sie ahnen es schon – bietet Google Earth mit einer entsprechenden Erweiterung auch hier die Möglichkeit, diese visuell darzustellen. Die entsprechende KMZ-Datei finden Sie mit dem Stichwort *Zeitzonen*.

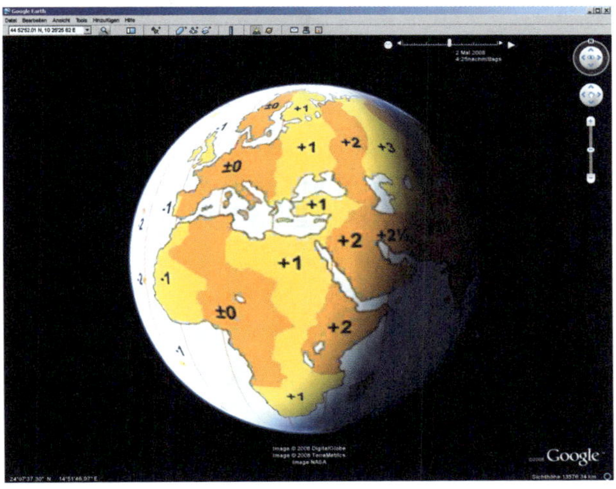

Quelle: *Google Earth*

Interessante Einblicke in das Wettergeschehen bietet die *Global Cloud Map*. Sie ist bei *www.googleearthhacks.com* mithilfe der drei genannten Suchwörter zu finden und zeigt die aktuelle Wolkenverteilung an. Noch einfacher geht es, wenn Sie im Bereich der *Ebenen* bei *Wetter* den Eintrag für die *Wolken* mit einem Häkchen versehen.

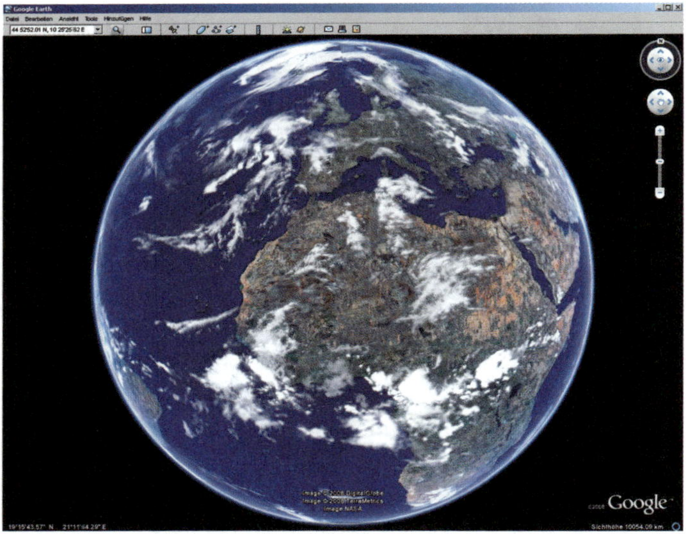

Quelle: Google Earth

Ab in den Weltraum

In der neusten Version von Google Earth können Sie auch direkt den Weltraum betrachten. Sie finden die entsprechende Funktion, wenn Sie unter *Ansicht/Zur Weltraumansicht (Sky)* wechseln. Nun ändert sich die Darstellung, d. h., die Erde wird ausgeblendet und stattdessen präsentiert sich eine Ansicht des Himmels, und zwar in Abhängigkeit von der aktuellen Position.

Wenn Sie sich also beispielsweise mit Hilfe von Google Earth gerade online in Berlin umgesehen haben und die Weltraumansicht aktivieren, dann wird Ihnen auch der Himmel über Berlin zum aktuellen Zeitpunkt angezeigt.

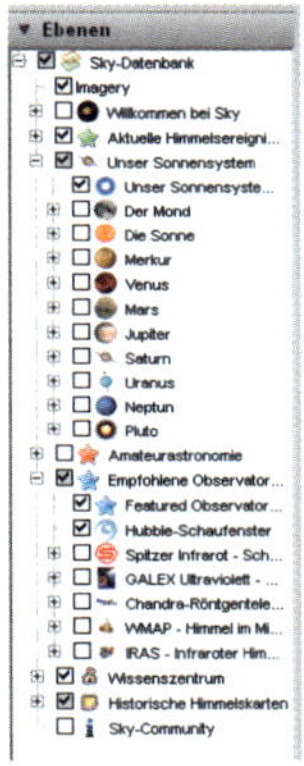

Ähnlich wie bei der Erde stehen auch hier unterschiedliche Ebenen bereit, die sich aktivieren lassen und die weitere Zusatzinformationen liefern. Konkret sind dies:

- aktuelle Himmelsereignisse
- unser Sonnensystem
- Amateurastronomie
- empfohlene Observatorien
- Wissenszentrum
- historische Himmelskarten
- Sky-Community

Innerhalb jeder Kategorie finden Sie zahlreiche Einträge, die Sie aktivieren können. Probieren Sie es aus, es lohnt sich.

Weltraumansicht ist anders

Wenn Sie mit der Weltraumansicht arbeiten, sollten Sie bedenken, dass manche Standardfunktionen (wie z. B. die Atmosphäre oder die Neigungsregler) nicht aktiv sind. Dafür zeigt Ihnen Google Earth in diesem Modus unter anderem eine rote Horizontlinie als Orientierungshilfe und ein Gitternetz an, um die Orientierung zu erleichtern.

Auf die Schnelle: die besten Tipps & Tricks

- Seit Dezember 2006 hat Google Earth Zugriff auf den Umweltatlas des Umweltprogramms der Vereinten Nationen (UNEP). Anhand von 100 ausgewählten Orten zeigt Google Earth nun die dramatischen Veränderungen der Erde. Die entsprechenden Bilder und Einträge können im Fenster *Ebenen* unter dem Eintrag *Empfehlungen/UNEP: Atlas der Umweltveränderungen* aufgerufen werden.
- Wer wissen möchte, wie Vulkanausbrüche, Wüstenstürme oder sich wandelnde Eisgletscher aus der Sicht eines Astronauten aussehen, findet derartige Informationen und Bilder im Fenster *Ebenen* unter dem Eintrag *Empfehlungen/Europäische Weltraumorganisation*.

9. Top-Erweiterungen und Ergänzungen kennenlernen

Die Funktionalität und die Möglichkeiten von Google Earth lassen sich mit der richtigen Hard- und Software noch weiter ausbauen. Die interessantesten Erweiterungen finden Sie in diesem Kapitel.

Google Earth goes 3-D: zusätzliche 3-D-Modelle einbinden

Es wurde bereits angesprochen: Google Earth kann Gebäude und Landschaften dreidimensional darstellen, was einen wesentlich realistischeren Eindruck von der gesamten Szenerie erlaubt. Neben den bereits standardmäßig in Google Earth eingeblendeten 3-D-Darstellungen gibt es aber noch eine große Anzahl an zusätzlichen 3-D-Modellen, die sich einbinden lassen.

1 Starten Sie hierzu Ihren Internetbrowser und öffnen Sie die Seite *http://sketchup.google.de/3dwarehouse/*.

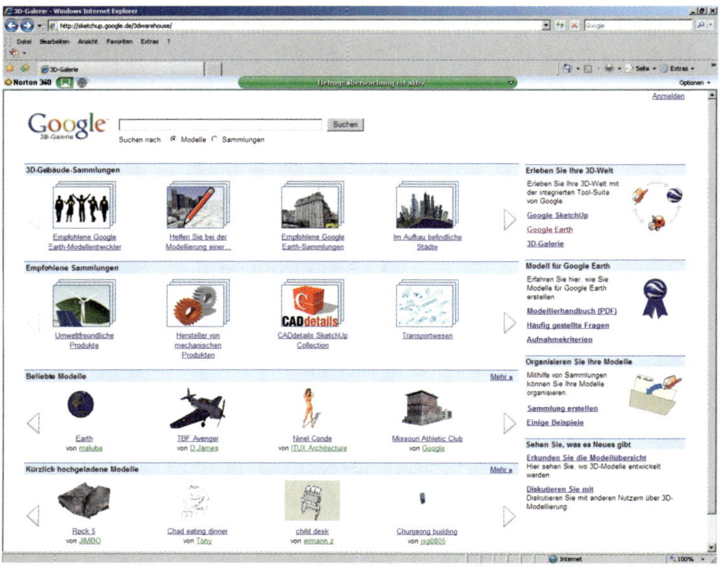

2 Suchen Sie sich hier ein 3-D-Modell aus, das Ihnen gefällt. Wenn Sie einfach einmal sehen wollen, was so im Angebot ist, klicken Sie auf den Bereich *3D-Gebäude-Sammlungen* . Vor allem die *Empfohlene Google Earth-Sammlungen* sind interessant.

3 Wenn Sie ein bestimmtes Modell gewählt haben – in diesem Beispiel ist dies das Modell der Golden Gate Bridge –, dann klicken Sie dieses an. In dem sich öffnenden Fenster haben Sie nun die Möglichkeit, dieses 3-D-Modell durch Anklicken der entsprechenden Schaltfläche direkt in Google Earth zu laden. Beachten Sie hierbei, dass es beim Download darauf ankommt, mit welcher Version von Google Earth Sie arbeiten. Wählen Sie also die richtige Datei. Zudem sollten Sie wissen, dass nicht alle 3-D-Objekte in Google Earth geladen werden können. Fehlt die entsprechende Schaltfläche, müssen Sie einen anderen Eintrag wählen.

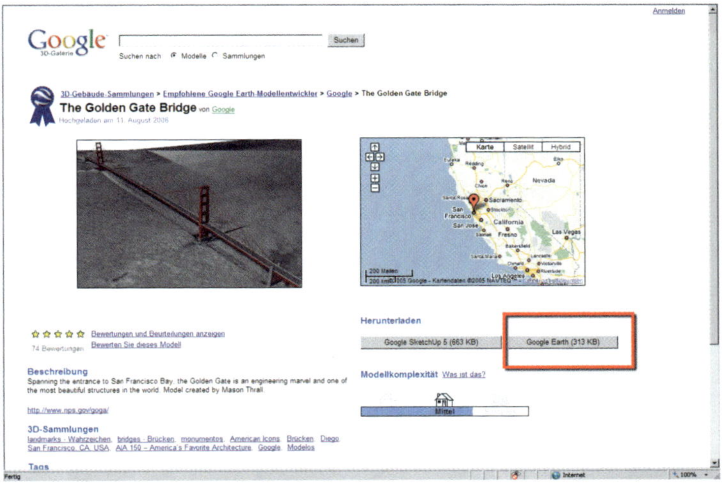

4 Nun wird die entsprechende KMZ-Datei heruntergeladen und direkt in Google Earth geöffnet. Das Programm zeigt Ihnen dann die Brücke in 3-D, und Sie haben die Möglichkeit, diese von allen Seiten ausgiebig zu betrachten.

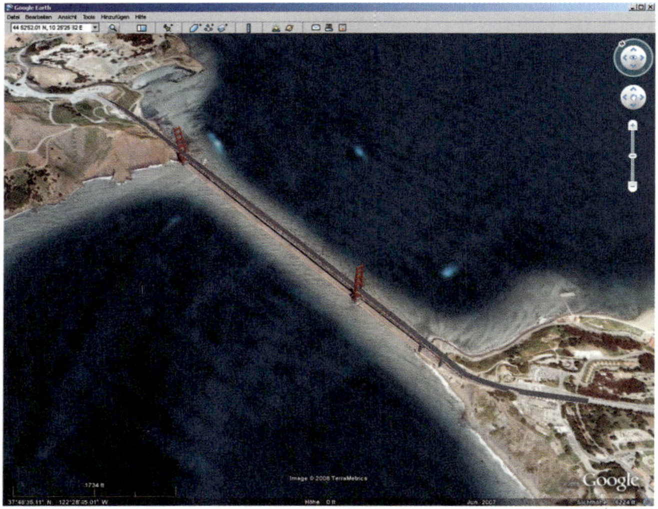

Quelle: Google Earth

Durch Drehen und Neigen der Ansicht bekommen Sie ein noch realistischeres Bild von dem eindrucksvollen Bauwerk.

Quelle: Google Earth

Hier sehen Sie im Detail, wie das 3-D-Modell über dem Foto liegt, denn unten sind die Autos zu erkennen, die über die reale Brücke fahren, während die dreidimensionale Brücke darüber steht. Dennoch vermittelt das 3-D-Modell einen realistischeren Eindruck als ein Foto.

Eigene 3-D-Modelle gestalten und in Google Earth einbinden

So toll es ist, diese dreidimensionalen Modelle anzusehen, noch mehr Spaß macht es, eigene 3-D-Modelle zu erstellen und beispielsweise Ihr Haus als dreidimensionales Gebäude in Google Earth einzubinden. Hierzu bietet Google mit Google SketchUp ein kostenlos zu nutzendes Programm an.

1 Öffnen Sie zum Einrichten des 3-D-Programms in Ihrem Browser die Internetseite *http://de.sketchup.com*.

2 Wählen Sie durch Anklicken von *Mehr Infos über Google Earth SketchUp* die kostenlose Version der Software per Mausklick aus.

3 Nach einer Seite mit einer Gegenüberstellung der Unterschiede zwischen der kostenfreien und der kostenpflichtigen Version gelangen Sie durch Klick auf *Download* zum folgenden Fenster.

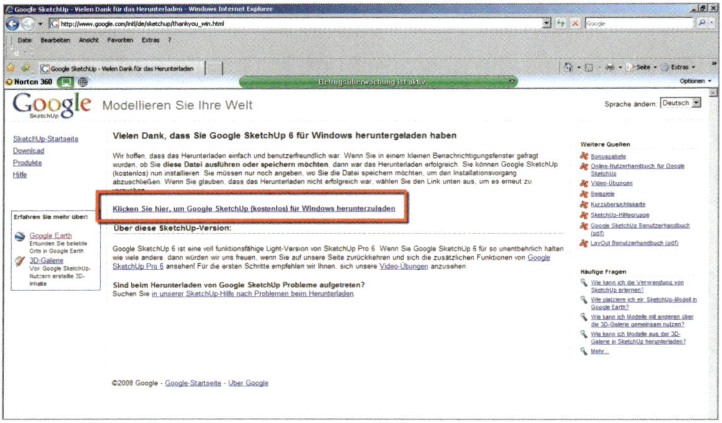

4 Wählen Sie durch Anklicken von *Google SketchUp 6* die kostenlose Version der Software per Mausklick aus. Entscheiden Sie sich, welche Version (für Windows 2000 und XP oder Mac OS X) Sie nutzen wollen. Die Installationsdatei für Windows ist rund 37 MByte groß.

5 Per Doppelklick auf die heruntergeladene Datei mit Namen *GoogleSketchUpWEN.exe* starten Sie die eigentliche Einrichtung auf Ihrem Rechner. Folgen Sie hierzu den Anweisungen des Installationsassistenten.

Damit sind nun alle benötigten Komponenten installiert. Nun geht es an die Arbeit: Starten Sie hierzu erst einmal Google Earth und wählen Sie einen geeigneten Bildausschnitt. Dies kann beispielsweise eine Ansicht von Ihrem Haus sein. Achten Sie allerdings darauf, dass das Gebäude mit allen Details auf dem Bildausschnitt zu sehen ist. Wechseln Sie dann in das 3-D-Programm SketchUp.

1 Fügen Sie nun über das Menü *Tools/Google Earth/Aktuelle Ansicht übernehmen* die Ansicht aus Google Earth in das 3-D-Programm ein.

2 Wählen Sie dann das Tool *Bleistift* aus der oberen Werkzeugleiste per Mausklick aus und zeichnen Sie damit von Punkt zu Punkt die Umrisse des Gebäudes nach. Sie legen damit die Grundform für das zu erstellende 3-D-Objekt fest.

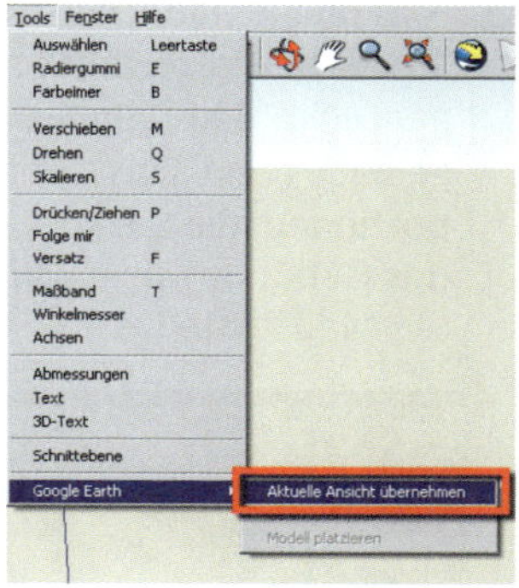

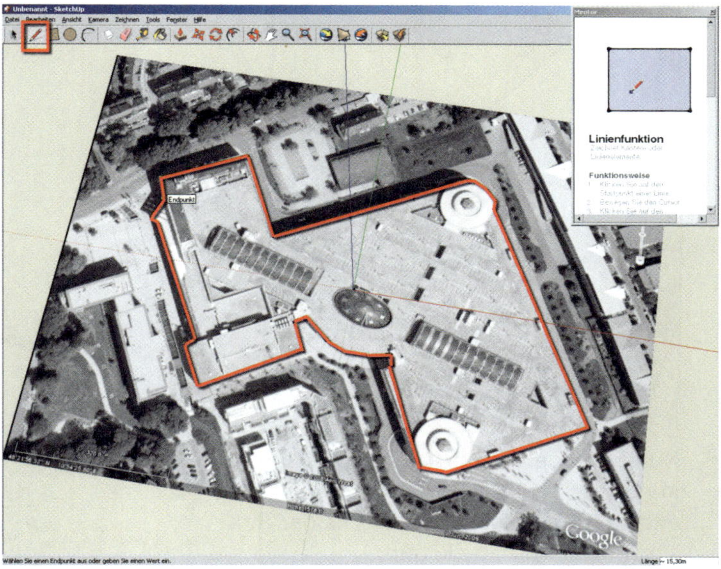

3 Nun klicken Sie auf das Werkzeug zum Erstellen von 3-D-Objekten. Dies ist auch über das Menü *Tools/Push-Pull* zu erreichen.

4 Klicken Sie danach mit der Maus in das Gebäude, dessen Umriss Sie gerade gezeichnet haben, und halten Sie die linke Maustaste gedrückt. Bewegen Sie mit gedrückter Maustaste die Mausanzeige nach oben. Das Gebäude wird nun dreidimensional in den Proportionen, die Sie gezeichnet haben. Ziehen Sie nun so lange, bis das Gebäude die gewünschte Höhe erreicht hat. Lassen Sie dann die Maustaste los.

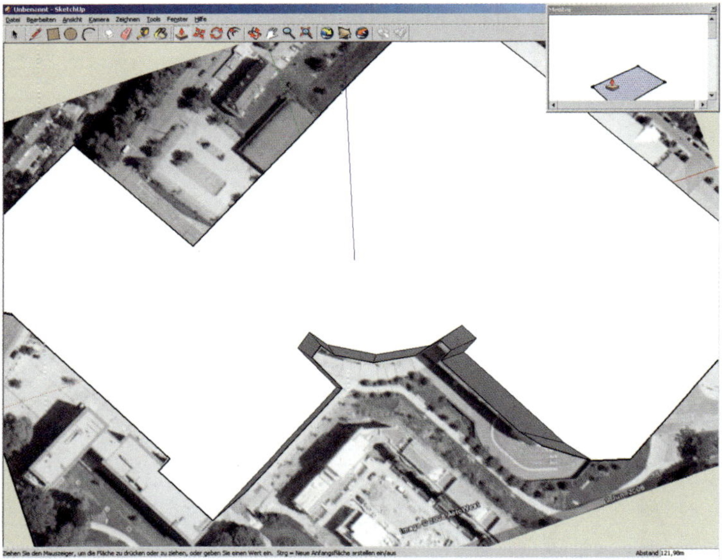

5 Nun könnten Sie noch das Gebäude anmalen, d. h. mit entsprechenden Farben und Texturen belegen, damit es der Realität möglichst nahe kommt.

6 Wenn Sie mit dem Ergebnis zufrieden sind, übergeben Sie Ihr Werk wieder an Google Earth. Klicken Sie hierzu in der Software SketchUp innerhalb des Menüs *Tools* auf den Eintrag *Google Earth/Modell platzieren.* Daraufhin wird das von Ihnen angefertigte 3-D-Modell nun als KMZ-Datei aus SketchUp exportiert und in Google Earth importiert.

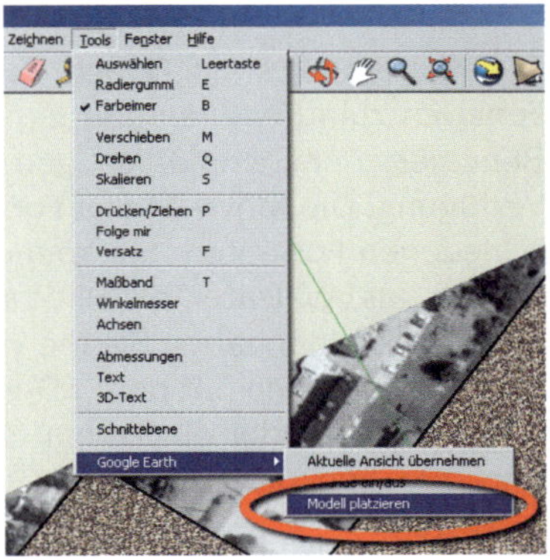

7 Hier präsentiert sich nun Ihr Werk in voller Pracht:

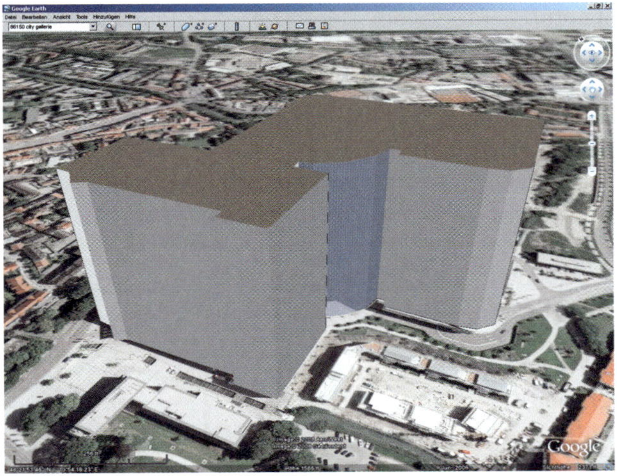

Quelle: Google Earth

Was SketchUp sonst noch so alles kann ...

... erfahren Sie am einfachsten bei den entsprechenden Videoübungen, die Google zur Verfügung stellt. Diese finden Sie online unter *http://sketchup.google.com/tutorials.html.*

Kameraflüge in Google Earth

Die Kameraflüge mit Google Earth sind beeindruckend, doch die Funktion zum Erstellen und Exportieren von Movies steht nur den Benutzern der kostenpflichtigen Versionen von Google Earth Pro zur Verfügung. Die Movie Maker-Funktion erstellt dabei die Filme in verschiedenen Formaten. Sie können diese im **W**indows **M**edia **V**ideo (WMV), als AVI-Datei, als Bilddatenstrom und als QuickTime-Datei ablegen. Zudem haben Sie die Wahl, ob bei der Videoaufzeichnung Ihre Interaktionen mit dem 3D-Viewer in Echtzeit mit aufgezeichnet werden sollen oder ob Sie nur eine Tour einrichten und diese ohne Unterbrechung aufzeichnen.

Eine Alternative hierzu ist die Verwendung eines zweiten Softwaretools parallel zu Google Earth, nämlich eines Programms, mit dessen Hilfe Sie Monitoraktivitäten aufzeichnen können – also ein sogenanntes Screencapturing-Programm. Derartige Programme schneiden alles mit, was auf dem Bildschirm passiert – bei Bedarf sogar mit der Mausbewegung. Wenn so ein Programm also im Hintergrund läuft und in Google Earth eine entsprechende Kamerafahrt durchgeführt wird, können Sie diese komplett als Filmdatei mitschneiden.

Natürlich brauchen Sie erst einmal ein derartiges Screencapturing-Programm. Angeboten werden diverse Recorderprogramme, einige davon sogar kostenlos, wie beispielsweise das Programm AutoScreenRecorder 3.0 Free, das unter *www.wisdom-soft.com* heruntergeladen werden kann. Installieren Sie das Programm durch Doppelklick auf die Datei, die Sie heruntergeladen haben. Folgen Sie dabei den Anweisungen des Assistenten.

Nach der Installation starten Sie das Programm per Doppelklick. Folgendes Bedienfeld zeigt sich:

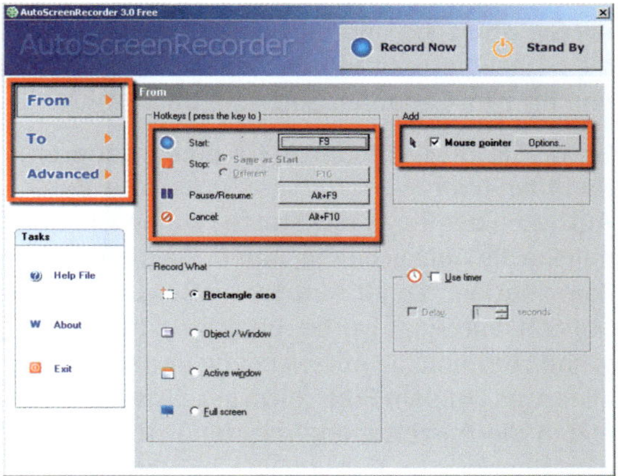

Sie haben nun die Möglichkeit, im Bereich *Hotkeys* die Tastenkombinationen für Start, Pause, Stopp und Abbruch (*Cancel*) individuell festzulegen. Ferner können Sie entscheiden, ob Sie den Mauszeiger mit berücksichtigen wollen, und auch festlegen, was Sie aufnehmen möchten. Die Einstellung *Full screen* (steht für komplette Bildschirmansicht) macht hier natürlich Sinn. Wenn Sie mit diesen Einstellungen fertig sind, klicken Sie auf das Register mit der Bezeichnung *To*.

In diesem zweiten Register ist es nun wichtig, dass Sie den Speicherort für den zu erstellenden Film festlegen. Wenn dies erledigt ist, klicken Sie auf *Stand By*.

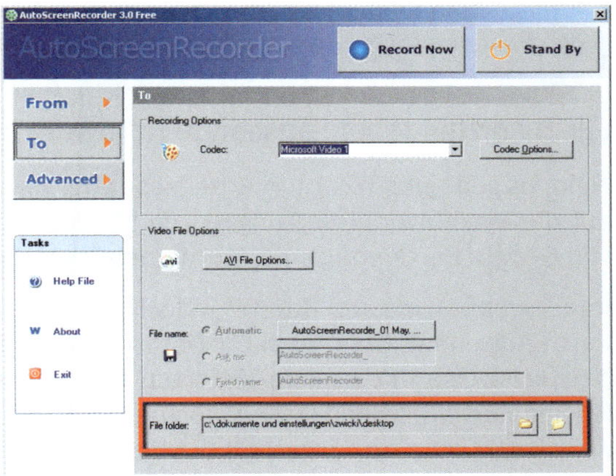

Starten Sie nun Google Earth und suchen Sie sich die Tour heraus, die Sie abfliegen und aufzeichnen wollen. Dies kann beispielsweise die mitgelieferte Standardtour sein, die am Google Campus beginnt und bis zum Canadian Supreme Court führt.

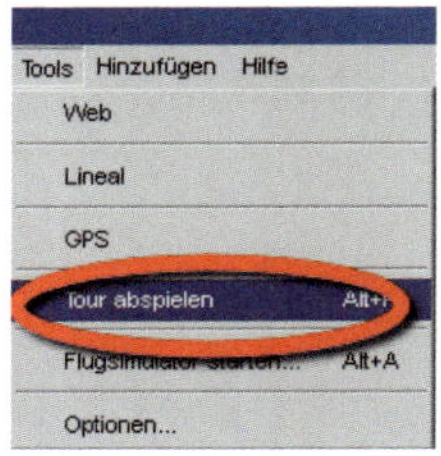

Bevor Sie diesen (oder eben einen anderen) Rundflug über *Tools/Tour abspielen* bzw. durch Anklicken der Play-Taste starten können, beginnen Sie die Aufzeichnung, indem Sie die Tastenkombination, die im AutoScreenRecorder zum Starten hinterlegt wurde, betätigen. Im Hintergrund läuft nun die Aufzeichnung und speichert alles, was auf dem Bildschirm geschieht. Sie beenden die Aufzeichnung mit der Tastenkombination, die für Stopp hinterlegt wurde. Fertig. Die komplette Tour ist nun als Videodatei in dem vorher festgelegten Verzeichnis abgespeichert.

Noch mehr Möglichkeiten zur Videoaufzeichnung ...

... bietet der AutoScreenRecorder 3.0 Pro des gleichen Herstellers. Mit diesem Programm können Sie unter anderem Töne (Sprache, Geräusche, Musik etc.) mit aufzeichnen, die Videogröße automatisch anpassen lassen, eine Flash-Datei der Aufzeichnung generieren und vieles andere mehr. Von dem Programm steht eine Testversion zum Download bereit, und zwar unter *www.wisdom-soft.com*.

Für Zusatzaufgaben: passende Hardware für Google Earth

Nein, es geht jetzt nicht um Arbeitsspeicher und Grafikkarten, denn auf die Systemvoraussetzungen, die für den reibungslosen Betrieb von Google Earth nötig sind, wurde bereits hingewiesen.

Interessant ist dieses Kapitel jedoch für leidenschaftliche Google Earth-Anwender, aber auch für Unternehmen und Spezialisten, die beispielsweise mit geokoordinierten Daten arbeiten und diese in Google Earth anzeigen lassen möchten, wie bereits am Beispiel von *www.last-minute.de* dargestellt wurde.

Es ist nämlich gar nicht so einfach, Längen- und Breitengradangaben zu bekommen, die exakt genug für die Darstellung in Google Earth sind. Nun könnte man zwar mit einem GPS-Gerät, also beispielsweise einem Navigationsgerät im Auto, oder mit einem Stand-alone-GPS-Empfänger alle Orte abfahren, die Daten auslesen und dann noch ein Foto der betreffenden Stelle machen – schneller und einfacher geht es aber mit einer speziellen Kamera. Eine solche bietet das auf Geoinformationssysteme spezialisierte Unternehmen alta4 Geoinformatik (*www.alta4.com*) an. Diese Firma hat für solche Anwendungen eine Digitalkamera vom Typ Ricoh Caplio 500SE um ein GPS-System erweitert. So speichert die Kamera nun zusammen mit dem Foto die genaue Position des Aufnahmeortes.

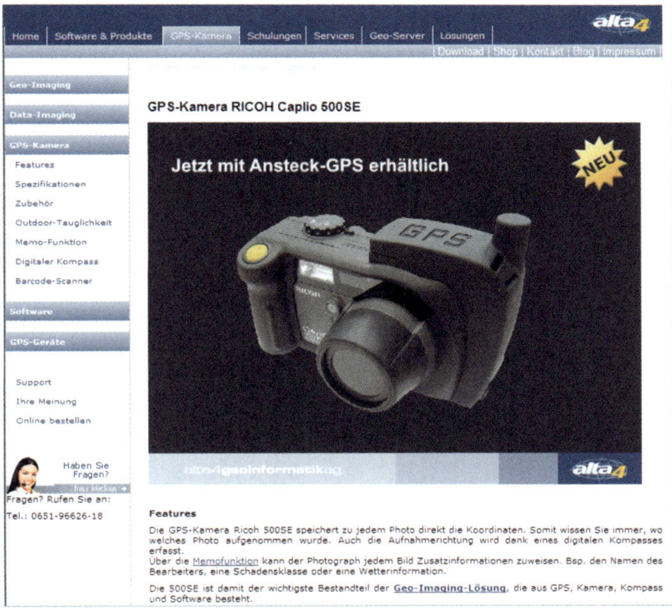

Mittlerweile kombinieren auch andere Hersteller ihre Kameras optional mit einem externen GPS-Empfänger, der über ein Kabel mit der Kamera verbunden wird. Wird ein Bild aufgenommen, werden die Koordinaten des Aufnahmeortes mit in der Bilddatei gespeichert.

Die passende Software GPS PhotoMapper liest diese Information aus. So ist es schnell und einfach möglich, diese Informationen in Google Earth und andere Geoinformationssysteme und Mapping-Anwendungen einzufügen.

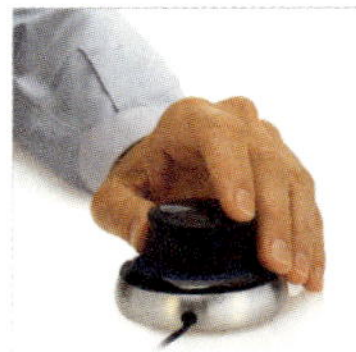

Weniger für den professionellen Bereich ist der SpaceNavigator gedacht. Hierbei handelt es sich um ein speziell konzipiertes Eingabegerät, das rutschfest auf dem Schreibtisch steht und die Bedienung von Google Earth perfektioniert. Der Clou dabei: Der SpaceNavigator bietet sechs optische Sensoren, die ständig Navigationsdaten an die jeweilige 3-D-Anwendung übermitteln. Diese Technologie ermöglicht es, durch dreidimensionale Umgebungen zu gleiten. Mit dem SpaceNavigator kann der Anwender in einer fließenden Bewegung 3-D-Objekte verschieben, zoomen und drehen. Das ist mit Maus und Tastatur allein nicht möglich. Richtungswechsel beim Fliegen in Google Earth werden ganz einfach durch entsprechende Bewegungen der Kappe des Controllers ausgeführt – ohne dass der Anwender seinen Flug unterbrechen muss, um mit der Maus die Richtung zu ändern. In Google Earth kann der Anwender sich mit dem SpaceNavigator auch ganz einfach um seine eigene Achse drehen, z. B. um den Ausblick von einem Berggipfel anzuschauen – das ist bei der Navigation mit der Maus nicht möglich. Weitere Informationen zum SpaceNavigator aus dem Hause 3DConnexion, einer Tochterfirma von Logitech, finden Sie unter *www.3dconnexion.de*.

Ein starkes Team: Google Earth & Google Maps

Im Februar 2005 startete Google mit dem Dienst Google Maps. Die deutsche Version ging im April 2006 online. Dieser Dienst ist zu erreichen unter der Internetadresse *http://maps.google.de/* und erlaubt es, Orte und bestimmte Objekte (wie z. B. Hotels, Restaurants etc.) und deren Position auf einer Karte anzuzeigen. Sie können bei der Darstellung hierbei zwischen einer klassischen Kartendarstellung, einem Luftbild und einer kombinierten Ansicht wählen.

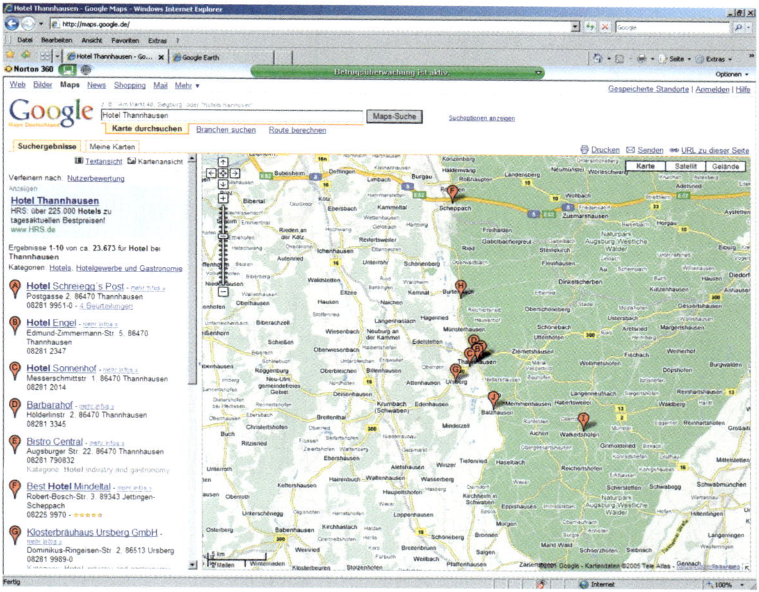

Quelle: Google Maps

Zudem ist Google Maps in der Lage, die KML- oder KMZ-Dateien zu lesen – die KMZ-Datei ist die komprimierte Form einer KML-Datei –, die in Google Earth zum Einsatz kommen. Auf diese Weise können also Daten, die in Google Earth erstellt wurden, in Google Maps angezeigt werden.

Sie können diese Funktionalität beispielsweise verwenden, um bestimmte Orte auf den Karten zu kennzeichnen oder Regionen zu markieren. Um die Google Earth-Daten in Google Maps anzuzeigen, tippen Sie die URL (oder noch schneller: kopieren Sie die URL) der KML-Datei in das Suchfenster von Google Maps. Klicken Sie dann auf *Adressen suchen*.

Zudem genügt, wenn Sie gerade in Google Earth arbeiten, ein simpler Mausklick, um den entsprechenden Ausschnitt auch in Maps zu betrachten.

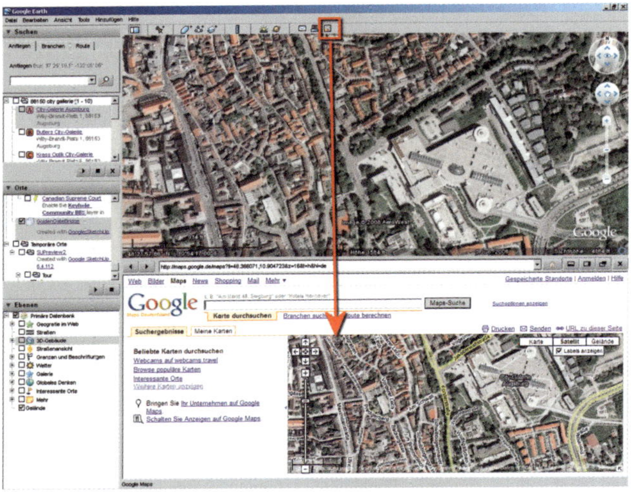

Quelle: Google Earth

KML- und KMZ-Dateien

Orte, Ansichten und Zusatzinformationen lassen sich mithilfe von KML-Dateien zwischen Google Earth- und Google Maps-Anwendern austauschen. Die beiden Programme fungieren hierbei wie ein Browser, d. h., sie stellen die KML-Dateien dar. Die komprimierte Version einer KML-Datei ist eine KMZ-Datei.

Mit Hilfe dieser KML-Dateien ist es möglich, Punkte, Linien, Polygone und Bilder zu definieren. Zudem lassen sich bestimmte Parameter festlegen, wie zum Beispiel der Betrachtungswinkel und die gewählte Entfernung. Daneben kann in regelmäßigen Abständen oder bei Änderungen des Ansichtsfensters eine Serveranfrage gestellt werden. Aktuell wird die Version 2.2. der **K**eyhole **M**arkup **L**anguage (kurz KML) in Google Earth genutzt.

Wenn Sie noch mehr über diese Daten erfahren wollen, finden Sie unter der Adresse *http://earth.google.de/kml/* umfangreiche Informationen hierzu – allerdings in englischer Sprache. Anhand von praktischen Übungen können Sie noch tiefer einsteigen, und zwar unter *http://earth.google.de/kml/kml_tut.html*. Ein Best Practice Paper in englischer Sprache zu den Details der Version 2.2 finden Sie unter *http://portal.opengeospatial.org/files/?artifact_id=23689*.

Direkte Kommunikation zwischen Google Earth und Maps

Mit Google Earth (ab 4.1) können Sie jeden beliebigen Ort direkt in Google Earth über die Schnittstelle zu Maps als Karte einblenden lassen. Diese Funktion finden Sie unter *Datei/In Google Maps betrachten* bzw. aktivieren sie über die entsprechende Schaltfläche.

Allerdings gelten dabei einige Einschränkungen: So sind die Karten in Maps stets nach Norden ausgerichtet, während in Google Earth die Möglichkeit besteht, die Ansichten in alle Himmelsrichtungen zu drehen. Hinzu kommt, dass Maps nicht unbedingt eine gleich hohe Auflösung bietet wie Google Earth.

Auf die Schnelle: die besten Tipps & Tricks

- Sie können auch Revit- und AutoCAD-Modelle zu Google Earth exportieren. Hierfür wurde von Avatech Solutions (*www.avat.com*) ein entsprechendes Tool mit der Bezeichnung Avatech Earth Connector for Revit programmiert. Dieses ist derzeit noch im Betastatus und kann kostenlos unter *http://www.avatech.com/web/earth* heruntergeladen werden.
- Google Earth für Lehrer: Unter *www.lehrer-online.de* gibt es spezielle Hinweise zur fachdidaktischen Nutzung des Programms im Unterricht. Ebenfalls interessant in diesem Zusammenhang: *www.google.com/educators/p_earth.html*.
- Den Hurrikans auf der Spur: Unter *www.googleearthhacks.com* gibt es eine KMZ-Datei, die – wenn sie in Google Earth geöffnet wird – live alle aktuellen Stürme anzeigt. Suchwörter: *Hurricanes Live tracking*.
- Unter *www.googleerde.de* gibt es eine eigene Rubrik für Spiele. Hier können Sie sich beispielsweise an einer Brücken-, Golfplatz- oder Bahnhofssuche beteiligen, d. h., es werden die Bilder von diesen Orten eingeblendet und Sie müssen mithilfe von Google Earth herausfinden, wo diese genau sind.

10. Auf die Schnelle: die häufigsten Probleme und ihre Lösungen

Nicht immer funktioniert Google Earth so, wie man sich das vorstellt. Die wichtigsten Fehler und Probleme, die auftreten können, werden auf den folgenden Seiten geklärt.

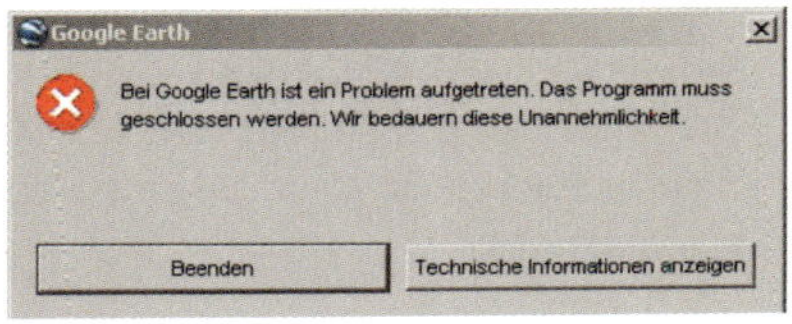

Hin und wieder muss Google Earth beendet werden, ohne dass man genau erschließen kann, was der Grund dafür ist.

Google Earth bricht bei der Installation ab

Manchmal kommt es vor, dass es beim Download zu einer Beschädigung der Installationsdatei kommt. In der Folge kann es sein, dass bereits die Installation abgebrochen wird oder gar nicht startet. In diesem Fall lohnt es sich, die Installationsdatei noch einmal neu herunterzuladen und das Programm komplett neu zu installieren.

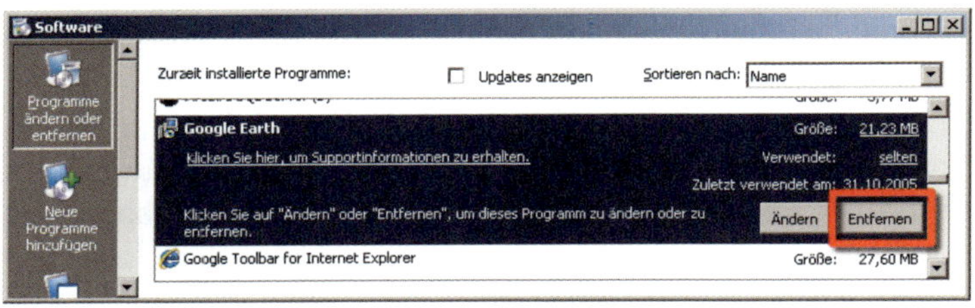

Deinstallieren Sie hierzu im ersten Schritt Google Earth komplett. Achten Sie dabei darauf, dass die entsprechenden Einträge auch aus der Registry entfernt werden. Hierzu können Sie das Programm RegSupreme (30-Tage-Testversion zum Download unter *www.jv16.org*) oder jedes andere ähnliche Werkzeug verwenden. Eine kostenlose Freeware, mit der sich ebenfalls die Registry entsprechend bearbeiten lässt, ist CCleaner (*www.ccleaner.com*). Installieren Sie anschließend das Programm Google Earth noch einmal ganz neu.

Fehlermeldung: This operating system is not supported by Google Earth!

Google Earth läuft im Windows-Bereich nur auf Maschinen mit Windows 2000, XP und Vista. Ältere Windows-Versionen werden nicht unterstützt. Als Alternative bleibt nur, ein anderes Satellitenprogramm zu nutzen oder das Betriebssystem upzudaten.

DLL-Datei fehlt

Meldet Google Earth, dass eine bestimmte DLL-Datei fehlt, deinstallieren Sie das Programm und installieren es noch einmal neu. Sollte die Meldung dann immer noch auftreten, aktualisieren Sie den Treiber der Grafikkarte.

Tipp: Obwohl Google Earth OpenGL für das 3-D-Rendern verwendet, ist es bei manchen Grafikkarten dennoch nötig, DirectX von Microsoft in der Version 8.1 oder höher zu installieren. Der Grund: Einige OpenGL-Grafikkartentreiber greifen intern für die Darstellung auf DirectX zurück. Microsoft selbst empfiehlt derzeit die Benutzung von DirectX 9.0c. Sie können die neuste Version bei Microsoft im Bereich *Downloads* herunterladen. Geben Sie hierfür als Suchwort *DirectX* ein.

Fehlermeldung: Fehler –5009 und ähnliche Meldungen bei der Installation

Bricht die Installation von Google Earth mit einer numerischen Fehlermeldung (also z. B. mit den Nummern -5003, -5009, -6002 bzw. -6009) ab, liegt dies in aller Regel daran, dass auf dem Rechner noch eine ältere Version der Installationssoftware vorhanden war. Diese müssen Sie zuerst entfernen, damit anschließend die Installation korrekt ablaufen kann. Gehen Sie dabei wie folgt vor:

1 Starten Sie den Explorer.

2 Suchen Sie im Verzeichnis *C:\Programme\Gemeinsame Dateien* nach dem Ordner *InstallShield*.

3 Klicken Sie den Ordner mit der rechten Maustaste an und geben Sie diesem einen neuen Namen (z. B. *InstallShield_dasi*).

4 Schließen Sie nun den Explorer und starten Sie die Installation noch einmal.

Fehlermeldung: Unbehandelte Ausnahme, Fehlernummer 0x80020003, Beschreibung: Mitglied nicht gefunden

Dieses Problem tritt auf, wenn Sie Google Earth in Windows XP installieren und Ihr Benutzerkonto keine Administratorrechte hat. Die Installation wird ebenfalls mit dieser Fehlermeldung beendet, wenn Sie im abgesicherten Modus von Windows XP arbeiten.

Fehlermeldung: apologies internal error

Diese Meldung tritt in erster Linie dann auf, wenn der Computer nicht den technischen Mindeststandard erreicht. Tritt diese Meldung auf, obwohl der verwendete Rechner den Anforderungen entspricht, empfiehlt es sich, den Grafikkartentreiber zu aktualisieren. Lesen Sie hierzu den nachfolgenden Tipp.

Grafiktreiber auf den neusten Stand bringen

Das größte Problem von Google Earth sind die Grafikkarten bzw. die verwendeten Treiber. Das kann so weit führen, dass die Erde komplett in weißer Farbe dargestellt wird oder dass Google Earth gar nicht mehr startet. Deshalb: Verwenden Sie stets die aktuellsten Grafikkartentreiber und vermeiden Sie es, Grafikkartentreiber im Beta-Status einzusetzen. Die aktuellsten Treiber finden Sie auf den Internetseiten des jeweiligen Grafikkartenherstellers bzw., wenn Sie ein Notebook nutzen, auf den Internetseiten des jeweiligen Herstellers, wie z. B. Dell, Sony, Fujitsu Siemens, Toshiba etc.

Sollten Sie nicht genau wissen, welche Grafikkarte bei Ihrem Rechner zum Einsatz kommt, folgen Sie dieser Anweisung:

1 Klicken Sie auf *Start* und wählen Sie dann den Eintrag *Ausführen*.

2 In dem sich öffnenden Dialogfeld tippen Sie *dxdiag* ein und bestätigen diese Eingabe mit *OK*.

3 Nach der Bestätigung der nun eingeblendeten Rückfrage mit einem Mausklick auf die Schaltfläche *Ja* öffnet sich das DirectX-Diagnoseprogramm. Klicken Sie hier auf das Register mit der Bezeichnung *Anzeige*.

4 Hier finden Sie im Abschnitt *Gerät* die genaue Bezeichnung und den Hersteller der Grafikkarte. Damit können Sie nun auf der Webseite des Herstellers nach aktuellen Treibern suchen.

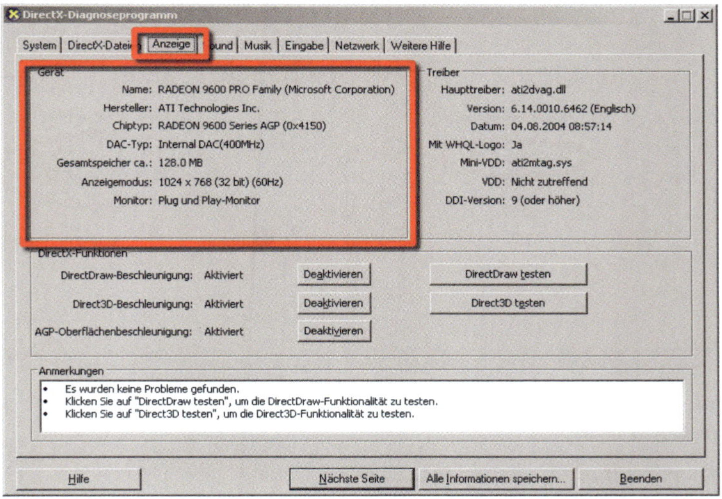

Detaillierte Informationen zum Thema Grafikkarten finden Sie unter *http://earth.google.de/support/bin/topic.py?topic=1149*.

Sollte dies alles noch nicht fruchten, setzen Sie DirectX als Methode für das Rendern fest.

Wählen Sie hierzu über *Start/Programme* den Eintrag für *Google Earth* aus. Klicken Sie hier auf den Eintrag *Set Google Earth to DirectX mode* (bzw. *Google Earth in DirectX-Modus setzen)*. Starten Sie dann Google Earth neu.

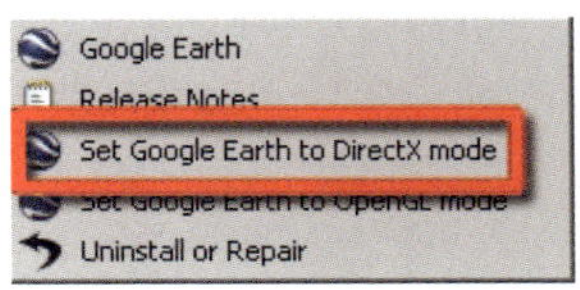

Verbindung zu den Google Earth-Servern funktioniert nicht

Kontrollieren Sie im ersten Schritt, wenn Sie Windows benutzen, ob der Computer überhaupt die Google Earth-Server kontaktieren kann. Öffnen Sie hierzu Ihren Browser und rufen Sie folgende Internetseite auf: *http://earth.google.de/getest.html*. Hier finden Sie einen Test, mit dem Sie überprüfen können, ob ein Kontakt überhaupt zustande kommt.

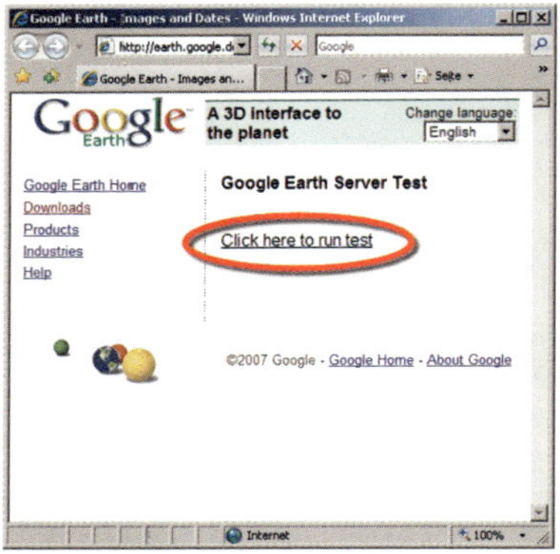

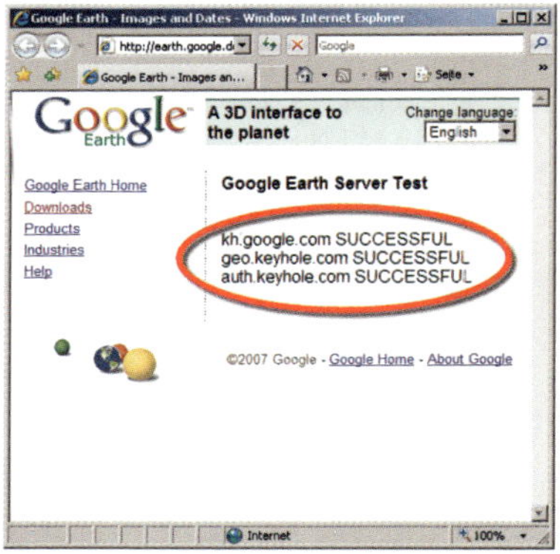

Wenn dieser Test bei einem oder mehreren Servern fehlschlägt, kontrollieren Sie:

- **Die Einstellung der Firewall**

  Die Firewall darf keinen der drei Server auf dem Port 80 blockieren. Lesen Sie in der Bedienungsanleitung der Firewall nach, wie Sie diese Blockierung deaktivieren.

- **Die Einstellungen im Internet Explorer**

  Im Internet Explorer darf die Option *Offlinebetrieb* nicht aktiv sein. Sie finden diese Einstellung im Menü *Datei* bzw. im IE 7 bei *Extras*.

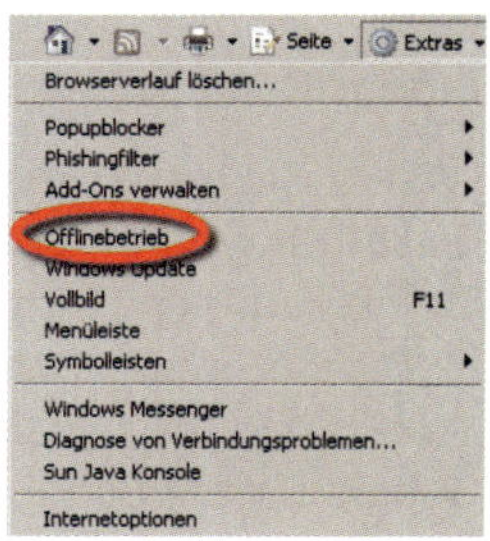

- **Den Pop-up-Blocker**

  Auch ein Pop-up-Blocker kann unter Umständen die Funktionsweise von Google Earth einschränken bzw. das Programm komplett lahmlegen. Deaktivieren Sie zum Test einfach Ihren Blocker und starten Sie Google Earth noch einmal.

- **Den Proxyserver**

  Kontrollieren Sie, ob der verwendete Proxy den Zugang über Port 80 zu *kh.google.com, geo.keyhole.com* und *auth.keyhole.com* zulässt. Passen Sie gegebenenfalls die Einstellungen an.

Sollte der oben genannte Test zwar funktionieren, Sie aber dennoch mit Google Earth nicht auf die Proxyserverdaten zugreifen können, kontrollieren Sie Folgendes:

- **Die Firewall**

  Möglicherweise wird Google Earth gezielt von der Firewall geblockt. Erstellen Sie dann eine Ausnahme in Ihrer Firewall. Wie dies bei den gängigsten Programmen (McAfee Personal Firewall Plus (auch als Bestandteil der McAfee Internet Security Suite), ZoneAlarm und der Norton Personal Firewall) funktioniert, finden Sie unter: *http://earth.google.de/support/bin/answer.py?answer=25096*.

- **Ihre Internetsicherheitssoftware/Antivirensoftware**

  Wenn Sie Programme, wie WebSense, Surf Control, Ghost Surf oder McAfee Privacy Service bzw. eine Antivirensoftware verwenden, stellen Sie sicher, dass diese nicht Google Earth blockieren.

- **Und löschen Sie den Cache-Speicher**

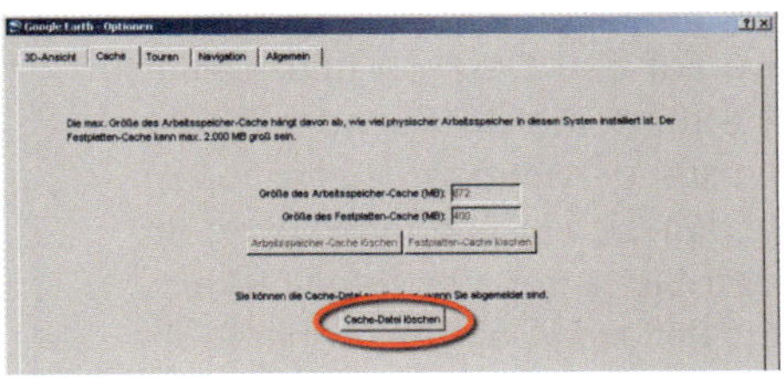

  Melden Sie sich hierzu in Google Earth über *Datei/Vom Server abmelden* erst einmal ab. Über *Tools/Optionen* finden Sie unter dem Register *Cache* die Schaltfläche, um den lokalen Cache zu löschen. Anschließend können Sie sich über das Menü *Datei* wieder bei den Servern anmelden.

Fehlermeldung: Render Target Not Set

Wird diese Fehlermeldung angezeigt, sollten Sie DirectX auf Ihrem Rechner installieren.

Kompass und Google-Logo fehlen – Fehlermeldung: Bild nicht gefunden

Normalerweise erscheinen bei Google Earth ein Kompass und ein Google-Copyright-Logo, sobald Sie sich beim Server angemeldet haben. Es kann allerdings vorkommen, dass Google Earth diese Bilder nicht richtig anzeigen kann und stattdessen nur meldet: *Bild nicht gefunden*. Der Grund: Der Nutzername von Windows enthält länderspezifische Sonderzeichen. Legen Sie dann ein neues Benutzerkonto an, das aus reinen Standard-ASCII-Zeichen (also keine Umlaute etc.) besteht. Voraussetzung hierfür ist allerdings, dass Sie Administratorrechte haben. Natürlich müssen Sie sich, wenn Sie mit Google Earth arbeiten und das angesprochene Problem vermeiden wollen, auch unter dem Namen des zweiten Benutzerkontos anmelden.

Alle gedruckten oder per E-Mail versandten Bilder sind schwarz

Sollte dies der Fall sein, müssen Sie die Einstellung der Farbtiefe in Windows ändern. Klicken Sie hierzu mit der rechten Maustaste irgendwo auf den Desktop und wählen Sie aus dem sich öffnenden Dialogfenster den Eintrag *Eigenschaften*. In dem sich öffnenden Fenster finden Sie unter der Registerkarte *Einstellungen* ein Auswahlfeld für die *Farbqualität*. Stellen Sie dies auf *32 Bit* ein.

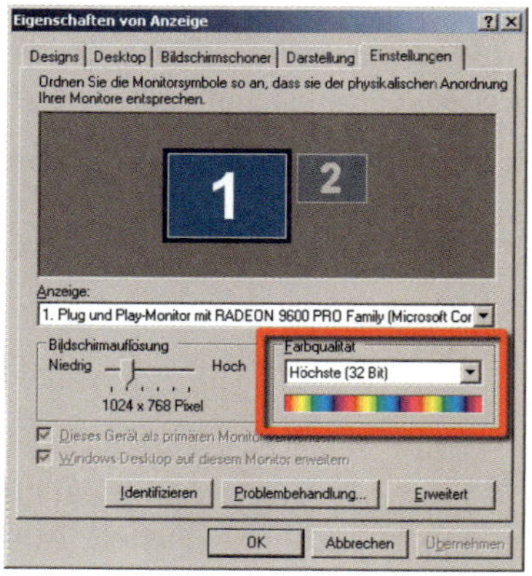

Fehlermeldung: parse error (Analysefehler)

Ortsmarken und andere Dateien, die mit einer früheren Betaversion oder einer älteren Version von Keyhole kreiert wurden, sind nicht kompatibel. Der Versuch, eine solche Datei zu laden, wird mit der obigen Fehlermeldung quittiert.

Fehler und Probleme beim Beenden von Google Earth

Ein Grund für derartige Fehler sind Benutzernamen mit länderspezifischen Sonderzeichen.

Fehlermeldung: Meine Orte konnten nicht gespeichert werden

Obige Fehlermeldung tritt vor allem beim Beenden von Google Earth auf bzw. wenn Sie versuchen, eine Datei zu speichern, während das Programm benutzt wird. Ist bereits die aktuellste Version von Google Earth installiert, versichern Sie sich, dass physikalisch Zugriff auf den Speicherort besteht (also nicht etwa eine externe Festplatte ausgeschaltet wurde) und dass Sie nicht in oder über eine Datei speichern, die gesperrt (schreibgeschützt) ist.

Auf meinem Tablet PC lässt sich die frei verschiebbare Bildschirmtastatur nicht aktivieren

Google Earth unterstützt nicht das Pop-up-Symbol für das Tablet PC-Keyboard. Um die Tastatur zu aktivieren, müssen Sie am Tablet PC in der Taskleiste auf das Symbol für die Tastatur klicken.

Sie haben einen Fehler in den Daten entdeckt ...

Google erhält die Informationen über Grenzverläufe, Ortsnamen etc. von Drittanbietern. Durch die Integration dieser Datenquellen kann es dabei immer wieder einmal zu Ungenauigkeiten kommen. Wenn Sie eine solche feststellen, können Sie diese direkt an Google melden, und zwar unter *http://earth.google.de/support/bin/request.py*.

Stichwortverzeichnis